Umziehen macht Spaß

Aus Stress wird gute Laune

Hajo Bücken

Umziehen macht Spaß

Aus Stress wird gute Laune

EDITION XXL

Vorakt:

Nur Mut!

... wird schon schief gehen – also bleiben Sie gelassen!

„Der Wechsel allein ist das Beständige."

Arthur Schopenhauer

So,

Sie haben sich also allen Ernstes dazu entschlossen, umzuziehen?

Na, dann viel Spaß!

Sie gehören einem weit verzweigten Club an, schließlich zieht der Mensch im Schnitt mehr als fünfmal in seinem Leben um. Und steht immer wieder vor der gleichen Frage:

„Wie kriege ich das hin, ohne dass zu viel Geschirr, mein Nervenkostüm oder gar meine Beziehung kaputt gehen?"

Das wird schon, nur Mut!
Sie haben den festen Willen, eine gute Portion Humor und einen beneidenswerten Freundeskreis. Jetzt brauchen Sie nur noch ein bisschen Durchblick, und die Geschichte klappt,

wenn Sie die Fäden in der Hand haben,
wenn Sie gut vorbereitet sind,
wenn Sie an alles denken.

Dabei will dieses Buch Sie ein wenig unterstützen.

Alles so schön neu hier!

Das Ganze übrigens mit einem leichten Augenzwinkern. Wenn Sie Ihr Vorhaben so richtig tierisch ernst nehmen, dann ist auch der Stress nicht weit.

Deshalb, wirklich:
Ganz gelassen bleiben!

Fassen Sie den Umzug als das auf, was er ist: der Start in einen neuen, spannenden Lebensabschnitt!

... mit einem neuen Umfeld, neuen Möglichkeiten, neuen Kontakten, neuen Erfahrungen.

Freuen Sie sich darauf –
und betrachten Sie die Umzieherei als notwendiges (kleines) Übel.

Dann wird es gelingen, klar doch.

Lobhudeln

Ach, und noch ein Tipp vorab:

Der Mensch kommuniziert durch seine Sprache, und zwar gleichermaßen durch die gesprochene und die des Körpers. Das sollten Sie in den kommenden – vielleicht manches Mal nicht ganz so einfachen – Tagen beherzigen.

Gedankenlos dahingesagte kleine Redewendungen wie **„Sieh zu!“**, **„Hau rein!“** oder **„Was denn sonst?“** werden nicht gerade begeisterte Reaktionen hervorrufen!

Und sich gegen den Türrahmen lehnen, die anderen rackern lassen und das womöglich mit einem Gesichtsausdruck, der jedem klar macht, dass Sie der Boss sind und das Sagen haben, das kommt nicht besonders gut an.

Viel besser: Aufmuntern und immer mal ein kleines Lob einstreuen.

Erster Akt:

Vorbereiten mit Verstand

Früh übt sich – Denkspiele für Umzieher

Auch der längste Weg beginnt mit dem ersten Schritt – es muss ja nicht gleich ein ganz großer sein!

Jetzt wird es Ernst. Aber nur die Ruhe, so schlimm ist das alles auch wieder nicht. Öffnen Sie doch erst einmal eine gute Flasche Rotwein, ein paar Käsesnacks und Oliven dazu können nicht schaden. Und dann spielen Sie das Meldespiel.
Sind Sie zu zweit, holt der Verlierer Nachschub. Als Single rufen Sie eine Freundin an und palavern ein bisschen – entspannt.

Dumme Frage, aber: Haben Sie denn schon Ihren alten Mietvertrag gekündigt?

Immerhin müssen da Termine eingehalten oder ein Nachmieter gesucht werden.
Und wenn der feststeht, was lassen Sie in der alten Wohnung?
Sind etwaige Ablösezahlungen geklärt?
Und die Rückzahlung der Kaution?

Wäre nicht schlecht, wird ja sowieso alles noch teuer genug!

Meldespiel

Fertigen Sie kleine Kärtchen oder Zettel an. Auf die Vorderseite schreiben Sie jeweils einen der rechts aufgeführten Begriffe, aber so, dass die Schrift nicht durchscheint.
Auf die Rückseite kommt jeweils der Anfangsbuchstabe des Begriffes.

Fertig?
Dann mischen Sie die Zettel und legen sie mit den einzelnen Buchstaben nach oben auf einen Stapel.

Ladies first: Die Dame beginnt!
Nennen Sie zum Buchstaben auf dem obersten Zettel des Stapels einen passenden Begriff, zu **„T“** zum Beispiel **„Telefon“**.
Drehen Sie den Zettel um. Steht der genannte Begriff auf der Rückseite, geben Sie den Zettel Ihrem Partner. Dann ist der an der Reihe und nennt einen Begriff zum Buchstaben auf dem nun obersten Zettel.

Sind alle Zettel verteilt, kommt der Hammer:

Jeder von Ihnen muss das erledigen, was ihm der andere „zugeschustert“ hat!

Freunde
Mobiltelefon
Versicherungen
Privatkonto
Schule
Telefon
Zeitschriften-Abonnements
Theater- und Konzertabonnements
Geschäftspartner
Arbeitsamt
Zeitung
Einzugsermächtigungen
Vereinsmitgliedschaften

BAföG-Amt
Bausparkasse
Krankenkasse
Bücherklub
Bibliotheksausweis
Familie
Einwohnermeldeamt
Kraftfahrzeug
Finanzamt
Kabelanschluss
Kreiswehrersatzamt
Girokonto
Postnachsendeauftrag
Wartungsverträge
GEZ (Rundfunk, Fernsehen)

Hoffentlich kommen Sie gut davon!

Was sonst noch?

Mit nichts was zu tun haben:
Umzug mit Profis

Bevor Sie sich für eine Umzugsfirma entscheiden, holen Sie Angebote ein und vergleichen Sie. Schauen Sie in die „Gelben Seiten" oder vertrauen Sie Tipps von Bekannten.
Dann erteilen Sie den Auftrag schriftlich – und sind aus dem Schneider.

Die Profis bringen alles mit, was an Werkzeug und Hilfsmitteln gebraucht wird, bauen auf Wunsch auch ab und auf.
Und sie sorgen für die Reservierung des Parkplatzes für den Laster. Sie müssen nur alles sagen!

„Ein bisschen denken beim Lenken":

Selbst umziehen

Hier ist eine Liste von Dingen, an die Sie schon einige Zeit vorher denken sollten. Nach Erledigung einfach abhaken:

- Handwerker bestellen für die Demontage der Einbauküche, von Elektrogeräten, Möbeln usw.
Rechtzeitig die Handwerker an die vereinbarten Termine erinnern, sicher ist sicher!

- Für das Transportfahrzeug Angebote einholen. Mietwagenfirmen finden Sie in den „Gelben Seiten".
Vergleichen Sie! Die großen Firmen bieten „Einweg" an, d. h., Sie holen den Wagen in Ort A ab und geben ihn in Ort B zurück. Das gilt nur für größere Städte und stellt sich auf dem Land etwas schwieriger dar.

Oder Sie mieten bei einem örtlichen Unternehmen und müssen dann den Laster wieder zurückbringen. Das kann teurer oder preiswerter sein, rechnen Sie es sich aus.
Vergessen Sie dabei die Zeit, die Kosten für den Treibstoff und eventuell auch für die Rückreise nicht!

- Umzugsbelege für die Steuererklärung sammeln.

- Der Nachbarschaft (evtl. auch dem Hausmeister) den Umzugstermin mitteilen.

- Einen Sperrmülltermin erfragen.
- **Hilfsmittel besorgen:**
  Umzugskartons, dicke Filzschreiber für die Beschriftung, Tragegurte, Sackkarre, Abdeckpapier, Arbeitshandschuhe, Kreppklebeband, Mülltüten, Luftpolsterfolien

- Einen Parkplatz vor dem alten und dem neuen Haus reservieren (beim Ordnungsamt beantragen, mindestens zwei Wochen vorher anmelden, Halteverbotsschild(er) abholen und leider wieder zurückbringen, zahlen. Das Ganze übernehmen übrigens auch Spezialunternehmen!).
- Termine vereinbaren für das Ablesen von Zählern für Wasser, Strom, Gas, Heizung.

Telefonanschluss kündigen

Nicht zu fassen:
Die so fortschrittliche Deutsche Telekom wirbt heftig für DSL und schnellste Erledigung fast aller Eventualitäten via Internet. Die Kündigung Ihres Telefonanschlusses jedoch ist bei dem „Global Player" – Sie ahnen es schon – nur schriftlich möglich. Immerhin: Das Kündigungsschreiben kann formlos sein, z. B.:

> Mini Musterfrau
> Musterweg 1
> 12345 Musterstadt
>
> **Kündigung des Telefonanschlusses**
> **Kundennummer: 123456789**
>
> Sehr geehrte Damen und Herren,
>
> hiermit kündige ich meinen Telefonanschluss fristgerecht zum xx.xx.xx, Rufnummer: 0123 456789.
>
> Mit freundlichen Grüßen
>
> Mini Musterfrau

Bei T-ISDN 100 und T-ISDN XXL gibt es beispielsweise eine Kündigungsfrist von drei Monaten. Ihre Kundennummer (steht auf der Telefonrechnung), die Rufnummer und Ihre Anschrift geben Sie ebenfalls an, da sonst die Kündigung nicht bearbeitet werden kann. Dieses Kündigungsschreiben schicken Sie dann

- per Fax an die Nummer 0800 3301009
- oder an die auf Ihrer Telekomrechnung angegebene Adresse.

Geben Sie bitte das Datum an, zu welchem Termin der Anschluss gekündigt werden soll. Achten Sie auf die Kündigungsfristen Ihres Anschlusses.

Ohne die Unterschrift des Anschlussinhabers auf dem Schreiben ist die Kündigung unwirksam!

Noch einfacher funktioniert die Kündigung Ihres Telefonanschlusses in einem der zahlreichen T-Punkt-Läden in Ihrer Nähe. Dort wird dann alles in die Wege geleitet.

Wenn Sie noch Fragen zur Kündigung Ihres Telefonanschlusses haben, dann wenden Sie sich bitte an die Mitarbeiter der Telekom, die Sie unter der Rufnummer 0800 3306796 erreichen können.

Beantragen Sie beizeiten das Telefon in der neuen Wohnung und lassen Sie es ab dem Umzugstag schalten.

Die Anlage selbst, NTBA und Splitter nehmen Sie natürlich mit, die gehören ja schließlich Ihnen!

Sie können. Dürfen Sie?

Für einen 7,5-Tonner brauchen Sie den Führerschein der Klasse 3 (oder das alte DDR-Führerscheinmuster der Klasse B), und wenn Sie Ihren Führerschein nach dem 1. Jan. 99 gemacht haben, einen Führerschein der Klasse C1.

Zweiter Akt:

Vorbereiten mit Herz

Die lieben Kleinen – Kinder, Katzen & Co.

Sie haben keine Kinder, Katzen oder andere Haustiere?

Dann ignorieren Sie einfach dieses Kapitel!
Und denken sich: Glück gehabt!
Oder: Schade, aber kommt schon noch.

Wissen Sie eigentlich, für wen Umziehen den größten Stress bedeutet?

Nein, nicht für Sie selbst!
Sie können sich doch in Ruhe darauf vorbereiten und an die Veränderung gewöhnen. Sie haben schließlich selbst entschieden, die alte Behausung zu verlassen, aus welchem Grund auch immer. Und Sie haben Ihr neues Zuhause (aus)gesucht und gefunden.
Kinder aber stehen vor einer gänzlich neuen Situation.

Vor allem kleine Kinder verstehen nicht, warum sie so plötzlich ihren gewohnten Lebensraum verlassen müssen.
Und auch die Haustiere haben es jetzt nicht so einfach, wobei die Meerschweinchen, Hamster und Vögel keine größeren Probleme machen.
Sogar Hunde geben bei einem Umzug nicht unbedingt Rätsel auf, da sie ja mehr an Menschen als an Orte gebunden sind.
Katzen jedoch haben es da nicht so einfach, wovon weiter unten die Rede sein wird.

Jetzt geht es aber erst einmal um die lieben Kleinen. Da die nicht mitentscheiden konnten und vor vollendete Tatsachen gestellt werden, brauchen sie vor allem Ihre Zuwendung.

Baby zieht um

Los geht's!
Die ganz Kleinen sollten am Umzugstag am besten rundum „umhumpelt und umpumpelt" werden. Sie haben dafür sicher den Kopf nicht frei! Machen Sie sich keine Vorwürfe!

Organisieren Sie lieber frühzeitig einen Babysitter, der Ihrem kleinen Schatz voll und ganz zur Verfügung steht!

Dafür bieten sich natürlich die „nächsten" Bezugspersonen an, also Oma oder Opa – die den Wonneproppen endlich mal ganz für sich allein haben.
Freundinnen oder Bekannte, die Baby schon kennen und wissen, was sie zu tun haben, können auch gut einspringen – und werden auf der Einzugsparty vielleicht mit einem kleinen Geschenk belohnt!
Wenn jedoch die Großeltern, Tante, Onkel und andere Familienmitglieder oder Freunde nicht zur Verfügung stehen, müssen Sie auf Tagesmütter oder Babysitter zurückgreifen. Am besten hören Sie sich in Ihrem Bekanntenkreis um, da bekommen Sie bestimmt die eine oder andere Empfehlung.

Eine Tagesmutter ist sicher die beste Wahl, da Sie Ihr Kind ja nicht dem Durcheinander in der eigenen, immer leerer werdenden Wohnung aussetzen wollen!

Baby wird gesittet

Kann die Betreuung nur in der eigenen Wohnung erfolgen, dann suchen Sie sich einen Babysitter!

Dazu ein paar Tipps, auch wenn es sich etwas pädagogisch anhört:

- Sie sollten sie oder ihn vorab kennen lernen. Im persönlichen Gespräch werden Sie schnell feststellen, ob die „Chemie" stimmt.
- Und umgekehrt sollte der Babysitter auch vorher mit Ihrem Kind Kontakt gehabt haben.
- Lassen Sie sich Referenzen vorlegen oder sprechen Sie mit einer Familie, bei der er schon tätig war.
- Dann lassen Sie sich eine Kopie des Personalausweises geben, notieren Sie Adresse und Telefonnummer sowie die Telefonnummer einer vertrauten Person des Babysitters.
- Hat der Babysitter vielleicht sogar eine private Haftpflichtversicherung?
- Schließlich sprechen Sie Dauer, Kosten und andere Dinge, die Ihnen am Herzen liegen, genau ab, am besten schriftlich, damit beide Seiten wissen, woran sie sind!

Hört sich bürokratisch an, muss aber sein!

Kinderfreundlich?

Gehen Sie behutsam mit kleineren Kindern um! Die mögen es gar nicht, wenn fremde Leute ihre Nase in ihr kleines Reich stecken, um sich etwa die Wohnung als Nachfolger anzuschauen.
Und: Kein Kind verlässt gerne die vertraute Umgebung. Darum ist es wichtig, die Kids auf den Umzug vorzubereiten.

Lassen Sie die Kinder an den Vorbereitungen teilnehmen!

Erklären Sie, warum der Umzug nötig ist, und malen Sie ihnen die Vorzüge des neuen Wohnorts aus!

Die haben Sie ja schon bei der Auswahl des künftigen Domizils bedacht.
Ein nahe gelegener Spielplatz, Kindergärten und Schulen, die man auch zu Fuß erreichen kann, Sportvereine, Pfarrgemeinden oder Büchereien in der Nähe und vieles mehr.

Unternehmen Sie doch einfach vorher mit der ganzen Familie einen Ausflug an den neuen Wohnort (und schwärmen Sie in den höchsten Tönen)!

Kinderkram

Geben Sie Ihren Kindern eigene Kartons, die sie bemalen und selber mit ihren Sachen füllen dürfen.
Überlegen Sie zusammen mit ihnen, was unbedingt mit muss und wovon man sich so langsam doch einmal trennen könnte.

Lassen Sie jedes Kind seine ganz persönliche Umzugskiste mit allen ihm besonders wichtigen Dingen packen!

Griffbereit sein sollten das Lieblingskuscheltier, Bilder und Dekorationsgegenstände, damit das Kinderzimmer schnell wieder vertraut aussieht.
Laden Sie die Kinderschachteln zuletzt auf. Sie werden dann als Erstes wieder abgeladen.
Kinder, die beim Umzug mithelfen, können bereits ihr Zimmer einrichten.

Sprechen Sie frühzeitig ab, bei wem die Kinder vor dem Umzug übernachten können und wer sie am Umzugstag versorgt!

Falls die Kinder beim eigentlichen Umzug dabei sind, gehen Sie gemeinsam durch die leere Wohnung, damit sich alle von der alten Umgebung verabschieden können.

Vielleicht können Sie größeren Kindern als besondere Attraktion ja auch einen Platz im Umzugswagen sichern.

Richten Sie am neuen Ort zuerst die Kinderzimmer ein und erst danach Küche und Wohnzimmer.
Auch das Bett sollte zügig wieder aufgebaut werden!

Rückt der Umzugstermin und damit das große Packen näher, nutzen Sie ruhig skrupellos alle verwandt- und freundschaftlichen Bande aus, um die Kids möglichst lange anderswo unterzubringen.

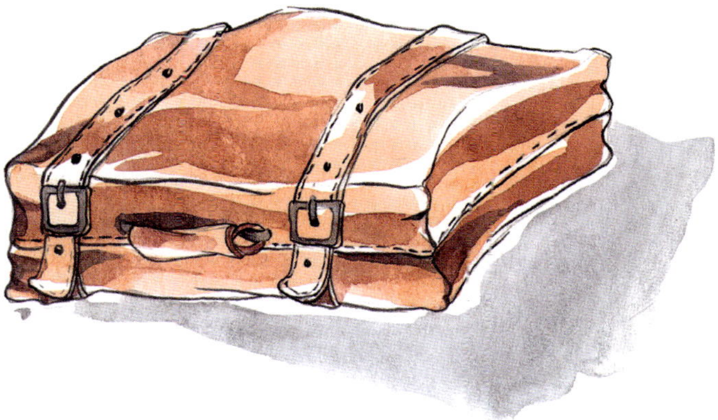

Kinderängste

Für Kinder kann ein Umzug mit Ängsten verbunden sein!
Die gewohnte Umgebung zu verlassen und der Abschied von den Freunden ist eine schwierige Angelegenheit, die manchmal sogar zu **Verhaltensstörungen** wie **Apathie**, **Aggression**, **Stottern** oder **Schulversagen** führen kann!

Deshalb begleiten Sie diese Phase von Anfang an:

– Ist der Umzug beschlossen, erklären Sie Ihren Kindern in Ruhe die Gründe für diese Veränderung.

– Sichern Sie ihnen zu, dass der emotional so wichtige Kontakt zu Freunden und Großeltern bestehen bleibt.

– Auch Kinder haben Angst, dass Sachen, die ihnen am Herzen liegen, verloren gehen oder beschädigt werden.
Lassen Sie Ihre Kinder diese Dinge selbst einpacken!

– Und geben Sie ihnen das Gefühl, dass sie gebraucht werden und dass Sie ihre Hilfe schätzen.

– Übertragen Sie ihnen kleinere Aufgaben, die sie gut bewältigen können.

Nach dem Einzug stellen Sie sich mit Ihren Kindern möglichst bald den neuen Nachbarn vor!

Ermutigen Sie die Kinder, neue Freundschaften zu schließen, andere Schüler zu finden, die ihnen helfen, sich in die neue Gemeinschaft einzufügen und das Klassenniveau baldigst zu erreichen.

Nehmen Sie sich Zeit, zusammen mit Ihren Kindern die neue Umgebung zu erforschen!

Kontakte mit Sportvereinen, Pfadfindern oder kirchlichen Gruppen helfen bei der Eingewöhnung.
Laden Sie neue Freunde und Freundinnen Ihrer Kinder zu sich nach Hause ein!

Wo sind Spielplätze, Parks, Kinos, Discos und öffentliche Gebäude?

Welches ist der beste Weg zur Schule?

Stellen Sie fest, ob sich das Kind mit seinem neuen Umfeld schwer tut. Nehmen Sie das ernst und versuchen Sie herauszufinden, wie Ihr Kind denkt und fühlt und wie Sie ihm helfen können.

Labile Lieblinge

Katzen sind mehr an die häusliche Umwelt gebunden als an den Menschen. Sie reagieren ziemlich verunsichert auf einen Standortwechsel.
Schon vor dem Umzug könnten Sie die kleinen Tiger nach Möglichkeit immer mal in die neue Wohnung mitnehmen. So können sie sich langsam mit der neuen Umgebung vertraut machen.

Am Tag des Umzugs sollten Sie Ihre Katze nicht bei Freunden unterbringen, sondern behutsam umsiedeln, am besten einzeln im Korb mit Ihrem Pkw.
Sind Sie angekommen, ist es ratsam, ihr nicht gleich die ganze Wohnung zur Verfügung zu stellen – das neue Terrain ist am Anfang einfach zu groß und fremd.

Lassen Sie das Tierchen nebst Katzentoilette, Schlafdecke oder Körbchen vorerst in einem Zimmer.
Nach und nach kann sie sich dann die ganze Wohnung erobern.

Da Katzen sehr auf ihre Hygiene achten, sollten sie sich so bald wie möglich an den neuen Standort ihrer Toilette gewöhnen. Klar, dass sie anfangs einige Male dorthin getragen werden!

Gut vorbereitet

Ihre anderen Haustiere sind am Umzugstag am besten bei Freunden aufgehoben, so ersparen Sie sich und den geliebten Hausgenossen den größten Stress.

Wenn Sie sich aber nicht von ihnen trennen wollen, denken Sie an

- einen ausreichenden Futtervorrat auf der gesamten Reise bei großen Umzügen,
- den Fress- und Wassernapf, Dosenöffner und Futterlöffel,
- das Lieblingsspielzeug und die Schlafdecke (oder das Körbchen) Ihres Tieres
- die erforderlichen Pflegeutensilien!

Auch die Telefonnummer Ihres Tierarztes sollten Sie mit sich führen.
Manche Experten raten sogar dazu, heimisches Leitungswasser in Flaschen abgefüllt mitzunehmen, da ein plötzlicher Wasserwechsel Ihrem Haustier Magenbeschwerden bereiten kann.

Ach so, und Harro oder Leila brauchen genau wie Sie während der Fahrt immer mal wieder eine PP – aber wem sage ich das!

Dritter Akt: Packen und planen

„Schau doch mal ...“ – Das Fest der Erinnerungen

„Wenn du die Spur nicht wechselst, hast du keine Chance zu überholen.“

Chinesisches Sprichwort

So ein Umzug schafft neben einer Menge Arbeit auch eine einmalige Gelegenheit. In der Wohnung und im Keller, vielleicht auch auf dem Speicher oder im Schuppen, hat sich meistens allerhand angesammelt.

Im Laufe der Jahre gab es ja beileibe nicht nur Dinge, die sich ins tägliche Leben integrieren ließen:

Wie war das noch mit dem Korkenbild, auf dem wie bei einem Relief die Korken einen großen Delfin bildeten, der dann auch noch kunstvoll beleuchtet war?

Wo steht eigentlich der uralte Holzschlitten von Opa, den hat doch wohl niemand weggeworfen?

War da nicht irgendwo noch ein Koffer voll mit Büchern aus Mutters Kindheit?

Und wo verstaubt die Schellackplattensammlung, auf die Onkel Friedrich so stolz war und die sich auch im fünften Anlauf noch nicht bei ebay versilbern ließ?

Schätze wie Sand am Meer, die es zu bergen gilt!

In Erinnerungen schwelgen

Sie wollen umzugstechnisch gesehen ein paar vergnügte Abende erleben? Nichts leichter als das!

Wählen Sie ein Zimmer Ihrer alten Wohnung – am besten das Wohnzimmer – und räumen Sie die Möbel so weit wie möglich in andere Zimmer oder zur Seite.

Sie brauchen eigentlich nur für jeden von Ihnen eine Sitzgelegenheit, dazu eine Musikanlage und ein bisschen was zum „Schnabulieren“, wie meine Mutter so schön sagt, also etwas für Gaumenfreuden.

Und dann geht es los:

Nehmen Sie sich jeder einen Korb oder eine Kiste und laufen Sie los, in zwei verschiedene Richtungen.

Suchen Sie einen Platz, an dem sich viel angesammelt hat: Keller, Speicher, Abstellkammer, Schlafzimmerschrank ganz hinten oder Truhe Bodensatz.
Packen Sie Ihre Kiste voll, ein Tuch drüber, und dann treffen Sie sich wieder im Wohnzimmer.

Abwechselnd zaubert jeder von Ihnen einen Gegenstand aus der Kiste hervor.
Der steht dann zwischen Ihnen in seiner vollen Pracht und wie von selbst geht es los:

„Weißt du noch ...?“

„Mein Gott, das gibt es noch ...?“

„Das hab ich doch vor Jahren lange gesucht!“

„Dieses Tuch, ist das nicht von unserem Hawaiiurlaub?“

„Quatsch, das ist doch aus Kreta.“

„Bist du sicher? Kreta? Wann war denn das noch?“

Sie werden sehen, Ihnen fallen Menschen und Orte, Situationen und Begebenheiten ein, an die Sie lange nicht mehr gedacht haben.

Vor allem:
Sie werden feststellen, dass einer von Ihnen ganz andere Bilder und Daten im Kopf hat als der andere. Wer hat denn nun Recht? Aber darum geht es ja gar nicht!

Bekommen Sie gemeinsam das Geschehen wieder zusammen?

Besonders lustig:
das heitere Schenkerraten.

Mit der Zeit hat sich so manches Geschenk angesammelt, wurde vergessen und verstaubte.

Suchen Sie sich immer abwechselnd eins der „Kleinode“ aus und lassen Sie den anderen raten, wer damals der Schenker war. Jeweils fünf oder sechs solcher edlen Teile sollten genügen.

Und wer von Ihnen das beste Gedächtnis vorweisen kann und die meisten Teile richtig ihren Urhebern zuordnen kann, der hat gewonnen – und einen Kuss verdient, finden Sie nicht auch?

Schwelgen Sie nach Lust und Laune in Erinnerungen, lassen Sie sich dabei viel Zeit und Ruhe – und heben Sie sich noch ein paar Sachen für den nächsten Abend auf.

Vielleicht möchten Sie ja sogar Verwandte oder Freunde einladen und mit denen zusammen tief in die Vergangenheit eintauchen.

Und wenn Sie auf Dinge stoßen, die Sie nicht mehr brauchen oder die in der neuen Wohnung keinen Platz finden, dann stellen Sie diese zur Seite.

Die sind dann schon der Grundstock für die Give-Away-Party, die im nächsten Kapitel beschrieben ist.

Special:
Jetzt lernst du mich kennen!

Dieser Abschnitt ist gedacht für Menschen, die eine ganz besondere Art von Umzug vor sich haben. Einen doppelten nämlich:

Sie und er verlassen ihre Wohnungen, um eine gemeinsame Behausung zu beziehen. Das ist überhaupt **DIE Chance**, sich kennen zu lernen.

Und geht so:

Sie lädt ihn zu einer „Soiree“ ein. Dazu hat sie einige Vorbereitungen getroffen:

Das beginnt mit dem Tischdecken; er darf eine (von vielleicht fünf?) Tischdecken aussuchen und sie erzählt ihm, woher diese stammt.

Dann wählt er eines unter drei Bestecken aus („Schau mal, du hast das gewählt, das mir meine Großmutter zum 21. Geburtstag geschenkt hat.“ Und schon erzählt sie über die geliebte Oma ...).

„Schau doch mal …“ – Das Fest der Erinnerungen

Es geht weiter mit dem Geschirr und den Weingläsern. Während des anschließenden Mahls – begleitet von ihrer Lieblingsmusik – gibt es garantiert genügend Gesprächsstoff.

Danach setzen sich beide gemütlich zusammen:

Fototime!

Sie kramt in ihren Alben oder der Fotoschatzkiste, zeigt ihm Bilder und kommentiert sie.
Dabei ist es übrigens ausdrücklich gestattet, ihm manche Schnappschüsse vorzuenthalten. Er darf Fragen stellen und taucht tief in ihre Geschichte ein.

Noch Zeit, noch nicht genug?

Dann kann „gebucht“ werden.
Er nennt einen Buchstaben und sie sucht das passende Buch aus.

Ein ganzer Stapel von Lektüre wird sich ansammeln – und er weiß jetzt viel besser, für was sie sich interessiert, mit welchen Themen sie sich beschäftigt.

Wenn er ihr demnächst ein Geschenk machen will, hat er dafür genug Informationen.

Einige Tage später ist ER natürlich der Gastgeber – und sie lernt ihn sehr viel besser kennen …

Das packst du!

Dass Sie dann langsam auch den Hausrat verpacken und die Umzugskartons beschriften müssen, ist nun mal so, da kommt man nicht dran vorbei.

Das ist auch nicht besonders witzig, deshalb hier schnell und zügig ein paar Tipps zum richtigen Einpacken:

Zarte Pflänzchen

Pflanzen sollten Sie vor dem Umzug nur wenig gießen und, falls erforderlich, mit Stützgestellen versehen und im Winter gegen Kälte schützen!

Der gute (Kar)Ton

- Besorgen Sie sich stabile Kartons! Besonders die Bodenfläche sollte dem gedachten Inhalt gewachsen sein. **Bananenkisten bringen es nicht!**
- Bei Speditionen kann man Umzugskartons in mehreren Größen leihen oder kaufen (Stückpreis von 1,50 € bis 2,50 €, bei unversehrter Rückgabe werden 0,50 € bis 1,00 € zurückerstattet).
- Über Inserate von Leuten, die gerade umgezogen sind, findet man ebenfalls günstige Kartons.
- Für den Transport von Gläsern gibt es spezielle Kartoneinsätze, die Sie bei der Spedition erhalten.
- Wichtig sind die Tragegriffe an den Seiten und am Boden (Kartons eignen sich dann zum Tragen auf der Schulter).

Extrawurst

In einen Extrakarton kommt Ihr persönlicher Bedarf. Den wollen Sie schließlich greifbar haben, also in den Privat-Pkw damit:

- **Lebensmittel:** Getränke wie Tee, Kaffee, Milch
- **Wasserkocher**
- **Frische Wäsche**
- **Waschzeug**
- **Handtücher**
- **Bettwäsche**
- **Schlafanzüge**
- **wichtige Medikamente**
- **alles für's Baby:** Windeln, Schnuller, Babynahrung
- **Tiernahrung**
- **Kochtopf**
- **Plastikgeschirr**
- **Papierservietten**
- **Papiertaschentücher**
- **Toilettenpapier**
- **Putzschwamm**
- **Putzmittel**
- **Werkzeug:** Zange, Schraubenzieher/Akkuschrauber, Hammer und Zollstock.

Immer dabei

Ein paar Dinge sollten Sie jederzeit zur Verfügung und deshalb bei sich haben:

Schlüssel, Handy (alle wichtigen Rufnummern vorher einspeichern!), Geld, EC-/Kreditkarte, Personalausweis und Führerschein.

Packen, nicht Placken

Beim Packen achten Sie darauf, dass die schwereren Sachen nach unten kommen.

Packvolumen von Kartons, die bereits halb voll schwer genug sind, kann man für Kissen und Decken nutzen!

Kartons bitte nicht so voll stopfen, dass man die Finger nicht mehr in die Tragegriffe bekommt (das passiert öfter, als Sie glauben!).

Heben Sie die gepackten Kartons zur Gewichtskontrolle an, nur so können Sie sicher sein, dass sie auch transportabel sind.

Das gilt vor allem für Bücher!

Sehr wichtig ist die von mehreren Seiten gut lesbare Beschriftung (Inhalt und wohin), damit die Kartons nicht unnötig oft bewegt werden müssen.

Etiketten zum Kopieren finden Sie auf den Seiten 32 und 33!

Mit Noppenfolie (Luftpolsterfolie) und Wellpappe lassen sich Gläser und Teller bruchsicher verpacken.

Bücher hinlegen und nicht hinstellen, Hohlräume dazwischen ausstopfen, um Beschädigungen zu vermeiden.

Für Matratzen gibt es passende Hüllen, für die Federbetten Bettensäcke.

Für Ihre schriftlichen Unterlagen wie Pass, Urkunden, Dokumente, Bankunterlagen und Verträge gibt es spezielle Dokumenteneinlagen.

Für unempfindliche Kleidung wie Pullover, Anoraks usw. können Sie auch Müllbeutel verwenden:

Sie sparen Kartons und können die Beutel als PUFFER zwischen die Möbel packen!

Nun stell dich nicht so an!

Zimmer:

____

Inhalt:

____

☐ ZERBRECHLICH!
☐ SCHWER!
☐ BITTE AUFRECHT!

Du packst das schon!

Zimmer:

____

Inhalt:

____

☐ ZERBRECHLICH!
☐ SCHWER!
☐ BITTE AUFRECHT!

Kann doch nicht so schwer sein!

Zimmer:

____

Inhalt:

____

☐ ZERBRECHLICH!
☐ SCHWER!
☐ BITTE AUFRECHT!

Ist ja schon die Vorletzte!

Zimmer:

____

Inhalt:

____

☐ ZERBRECHLICH!
☐ SCHWER!
☐ BITTE AUFRECHT!

Gleich gibt's eine Pause!

Zimmer:

____

Inhalt:

____

- [ ] ZERBRECHLICH!
- [ ] SCHWER!
- [ ] BITTE AUFRECHT!

Danach bekommst du einen Drink!

Zimmer:

____

Inhalt:

____

- [ ] ZERBRECHLICH!
- [ ] SCHWER!
- [ ] BITTE AUFRECHT!

Da merkt man seine Muskeln!

Zimmer:

____

Inhalt:

____

- [ ] ZERBRECHLICH!
- [ ] SCHWER!
- [ ] BITTE AUFRECHT!

Immer schön lächeln!

Zimmer:

____

Inhalt:

____

- [ ] ZERBRECHLICH!
- [ ] SCHWER!
- [ ] BITTE AUFRECHT!

Vierter Akt: Wegwerfen und abhauen

Die Give-Away-Party – Bloß nicht alles aufheben!

„Die meisten Menschen wenden mehr Zeit und Kraft daran, um Probleme herumzureden, als sie anzupacken.“

Henry Ford

Geben Sie es ruhig zu:
Bei Ihnen zu Hause geht es zu wie bei „Hempels unterm Sofa“! Oder etwa nicht?
Na schön, ich möchte es Ihnen beweisen!

Machen wir ein kleines Spielchen?
Hier folgt eine Liste. Sie tragen, spontan, nach langem Nachdenken, geschätzt – egal, wie – vor jedem Gegenstand ein, wie viel Sie davon in irgendwelchen Schränken (versteckt) zu haben glauben!

Also los!

- ☐ Paar Schuhe
- ☐ Bettlaken
- ☐ Sets Bettwäsche
- ☐ einzelne Strümpfe
- ☐ Pullover
- ☐ Hemden, Blusen
- ☐ Hosen
- ☐ Tischdecken
- ☐ Mäntel, Jacken, Anoraks
- ☐ T-Shirts

Ausgefüllt?

Gut, dann wollen wir doch mal schauen, ob Sie auch nur in einer Kategorie richtig liegen!

Räumen Sie Ihre Schränke aus – das müssen Sie fürs Packen sowieso tun – und bauen Sie für jede Kategorie einen Stapel auf.
Dann zählen Sie die Teile und schreiben die Zahl neben die von Ihnen gerade eben angegebene.

Und?

Wenn Sie mehr als fünf Richtige haben, verbeuge ich mein Haupt in Ehrfurcht!

Entscheiden ist so schwer – oder vielleicht doch nicht?

So, das war schon ganz gut!
Zehn Stapel liegen gut sortiert vor Ihnen.

Jetzt kommt ein schlauer Satz aus der Reiki-Welt:

Was Sie seit einem Jahr weder angeschaut noch angezogen haben, können Sie getrost vergessen!

Sie haben jetzt die große Chance, sich von Dingen zu trennen, die Ihnen ja augenscheinlich sowieso nichts mehr bedeuten.

Also tun Sie es doch!
Geben Sie sich einen Ruck!

Diese Schuhe da zum Beispiel, die haben das Sonnenlicht doch schon seit mehr als zwei Jahren nicht mehr gesehen! Wofür wollen Sie sie aufheben, für Töchter, für Enkelinnen? Die werden sich bedanken – aber für Ihr Ansinnen, nicht für die ach so modischen Treter!

Entscheiden ist das, was wir wohl am allermeisten in unserem Leben tun müssen, jeden Tag, bei den kleinsten Kleinigkeiten, ganz normalen Dingen oder schwierigen Sachverhalten!

Und wollen Sie wirklich einen Laden für ausgediente Bettwäsche aufmachen?
Gut, das (Bett-)Zeug ist fast noch taufrisch. Aber Sie scheinen es nicht unbedingt zu Ihren Favoriten zu zählen!

Es könnte die Zeit gekommen sein, sich von ein paar Pfund Textilien zu trennen!
Pullover haben Sie nun wirklich wie Sand am Meer, sozusagen. Sind es 13 oder 20 oder sogar noch mehr? Mögen Sie die alle noch? Möchten Sie darauf warten, dass das eine oder andere Modell noch einmal einen zweiten Frühling erlebt? Glauben Sie tatsächlich daran?

Und gleichzeitig tun sich so viele Menschen so schwer mit ihren Entscheidungen!

Sie nicht!

Sie stellen fest, wie viel von dem aufgestapelten Zeug Sie nicht mehr brauchen.
Was Sie behalten wollen, kommt in die Umzugskartons und ist damit aus dem Weg.

Der Rest wird einfach verschenkt!

Und das geht so:

Kleine Geschenke erhalten die Freundschaft

Feiern Sie eine Give-Away-Party!

Laden Sie alle Ihre Freunde und Bekannten ein, die Familie, die nette Leiterin des Kindergartens um die Ecke, die Nachbarn und wer Ihnen sonst noch so einfällt.

Jeder, der kommt, soll eine Kleinigkeit zu essen oder zu trinken mitbringen. Und wird reich beschenkt werden …

Hier zwei Ideen für die Einladung:

Schenken macht Spaß!

Wir haben ganz viel zu verschenken.

Und zwar an dich!

Komm doch am Freitagabend zu uns in die Kanarienstr. 8 und bring etwas zu essen oder zu trinken mit! Dann darfst du dir in Ruhe deine Geschenke aussuchen!

Deine Oltmanns

Give-Away-Party
am Freitag, 12. Aug.,
ab 18 Uhr.

Wir trennen uns von vielen Schätzen. Wer zuerst kommt, hat die Auswahl. Und bringt eine Kleinigkeit zu essen oder zu trinken mit!

Susi und Peter Oltmann
Kanarienstr. 8

Im Übrigen gibt es auch eine

„Hard-Core-Version":

Dabei fertigen Sie einen Zettel wie den unten abgebildeten an und machen gleich einige Kopien davon.

Dann pflastern Sie mit den Zetteln, die ruhig genauso auffällig rot sein dürfen, alle Bäume in Ihrer Straße und Umgebung.

Sammeln Sie vor diesem Ereignis genügend Plastiktüten und Kartons, damit die Beschenkten ihre neuen Schätze auch nach Hause transportieren können!

Und wenn Sie wollen, stellen Sie eine Sammeldose auf. In die darf jeder ein paar Cent stecken, die Sie für einen guten Zweck spenden. Das schreiben Sie am besten auf die Dose, damit keiner denkt, hierbei handle es sich um eine verkappte Verkaufsaktion!

Wenn Sie auf diese Weise Ihren gesamten Haushalt auf den Kopf stellen und „ausmisten", ist schon die meiste Arbeit in Sachen Umzug getan:

Sie sind viel für Sie unnützes Zeug losgeworden – und haben dabei sicherlich einigen Menschen eine Freude gemacht!

Große Verschenk-Aktion!

Wir ziehen um und haben
viel zu verschenken.
Sie dürfen ruhig vorbeikommen!

Am Montag, 3. März,
ab 18 Uhr
bei Walter, Goethestr. 33

Es wird sich eine bunte Schar von Menschen einstellen. Die meisten von ihnen sind sicher gutartig!
Dennoch sollten Sie ein wachsames Auge auf die Gäste haben und ganz genau kennzeichnen, was zu verschenken ist und was nicht.

Eine Kontrolle am Ausgang wäre nicht zu verachten!

Schließlich wollen Sie sich ja nicht von den silbernen Leuchtern der Oma oder der gerade neu angeschafften Stereoanlage verabschieden!

Buchhaltung

Mit den Büchern ist das so eine Sache:
Wir tun uns oft schwer mit der Trennung von ihnen.
Dabei sammelt sich mit der Zeit auch eine Menge Mist zwischen zwei Deckeln an, der dummerweise beim Umzug auch noch das Meiste wiegt. Kein Mensch greift dann gerne zu einer Bücherkiste!

Deshalb beweisen Sie auch hier Mut zur Lücke. Wiederum schlage ich Ihnen Stapeln vor.

Auf einen Haufen oder gleich in – am besten kleinere – Kisten kommen die undiskutierbaren Schätze: Werke der Literatur, die über jeden Zweifel erhaben sind.

Ein zweiter Stapel wächst mit den Büchern, die Sie lieben, an die Erinnerungen geknüpft sind oder die Sie irgendwann noch einmal lesen möchten.

Der dritte und letzte Stapel ist der mit den verzichtbaren Schmökern:
Taschenbücher, Krimis, Science-Fiction, Lore-Romane, voluminöse Bildbände und vieles mehr. Die dürfen, sollten, müssen weg!

Wie?

Mir fallen da drei Möglichkeiten ein:

Die radikalste ist **der Müll**, was natürlich unter Kulturmenschen als Frevel gilt.
Papier lässt sich recyceln oder aber gut verbrennen, die einschlägigen Unternehmen am Ort lassen sich da nicht lange bitten.

Die zweite Art der Entsorgung ist fast schon klassisch: **der Flohmarkt**.
Wenn Sie keine Lust haben, selbst am Tapeziertisch zu stehen und 50 Cent für den Band einzufordern (was erstaunlich oft zu guten Gesprächen führt), schenken Sie die vollen Kisten Kindern aus der Nachbarschaft, die sowieso ständig über zu wenig Taschengeld lamentieren.

Die eleganteste Art schließlich kommt gerade in Mode und nennt sich **„Bookcrossing“**.

Für die Anhänger dieser Gattung ist „Regalhaltung Literaturquälerei“. Sie sind für die Aussetzung und stellen Bücher in Regale von Kneipen oder Wartezimmern, lassen sie einfach auf Bussitzen oder Parkbänken liegen oder stecken sie im Waschsalon kurzerhand in eine leere Trommel.

Eine etwas zeitaufwändige Art und Weise, aber der eine oder andere glückliche Finder kommt vielleicht zu ganz neuen Lesefreuden!

Fünfter Akt: Vollladen

Einladen zum Einladen: Rückenschonung für Freunde

Viele Köche verderben den Brei!
Was würden wohl Ameisen dazu sagen?

Eine sehr angestaubte, aber immer noch gültige Weisheit beschreibt das Thema dieses Abschnittes treffend: Je mehr Schultern eine Last tragen, desto leichter wird sie.

Das nehmen wir uns zu Herzen, zumal man die Klagen über kaputte Rücken um einen herum ja schon gar nicht mehr hören kann. Also wird das Einladen zu einer Sache für ganze Völkerscharen.

Dabei aber immer schön geschickt vorgehen, sonst springen die Objekte Ihrer Begierde gleich reihenweise ab!

... und deshalb gilt:

Schon die Einladung zum Einladen muss gut überlegt werden!

Normalerweise spricht Klaus Volker an mit den Worten:

„Übrigens, ich ziehe am nächsten Freitag um und erwarte deine Hilfe."

Klar, dass Volker dann erst einmal die Stirn kraus zieht und fragt, wer denn noch so alles an Bord ist.
Und zählt Klaus nun weniger als ein Dutzend körperlich hochkarätige Mithelfer an, steigen Volkers Bedenken ins Unermessliche und er ist sehr geneigt, eine kleine Krankheit zu nehmen, oder es fällt ihm gerade noch rechtzeitig der Besuch der Schwiegermutter ein.

Irgendwelche unaufschiebbaren Termine kann jede und jeder hinterm Ofen hervorzaubern.

So weit lassen Sie es gar nicht erst kommen und packen das Problem von einer ganz anderen Seite aus an.

Schon die Einladung macht das deutlich:

Hallo, ihr Lieben!

Letzte Woche hörte ich durch einen guten Bekannten von einer wundervollen Idee.
Sie heißt „Play Pacman". Mehr wird hier nicht verraten!
Kommt doch am Samstag, 12. Juli, zu mir. Die Aktion beginnt um 10 Uhr pünktlich. Und ist eine echte Überraschung, ihr werdet sehen.
Ach ja, die Preise! Es gibt für die drei Besten wertvolle Preise:

1. Preis: eine interessante Reise mit Sightseeing vom Feinsten,
2. Preis: ein romantisches Abendessen für zwei,
3. Preis: ein stilvolles Packset für jede Art von Reise.

Also, ich zähle auf euch. Lasst euch diesen Höhepunkt nicht entgehen!

Herzlichst,

eure Ute

1. Idee: Play Pacman

Jeder Gast bekommt beim Eintreffen einen Zählzettel. Die Packstücke sind mit Punkten ausgezeichnet. Liefert der Träger etwas unten am Lkw ab, werden die Punkte gezählt und vermerkt.

Ist der Wagen vollgepackt, stellen Sie die Punkte fest und bringen sie in eine Reihenfolge. Dann überreichen Sie mit viel Tamtam die Preise.
Welche das sein könnten? „Preiswerte Preise", immerhin kostet Sie der Umzug schon genug.

Also:

1. Preis:
Die interessante Reise ist ein Tagesticket für den Stadtverkehr.

2. Preis:
Das romantische Abendessen für zwei sind Hamburger-Gutscheine.

3. Preis:
Das stilvolle Packset besteht aus drei Jutetaschen.

2. Idee: Punsch Brunch

Sie laden zu einem den gesamten Tag über zu genießenden Frühstücksbrunch ein, bei dem es an nichts fehlt.

Liebe Maren, lieber Joe,

am Freitag, 30. Dezember, ist es so weit: Ich ziehe um!
Jetzt bekommt keinen Schrecken, meine paar Klamotten sind schnell eingepackt.
Aber ich will diese letzten Stunden in meiner geliebten alten Hütte zünftig mit euch feiern. Also lade ich euch ein zu einem Punsch Brunch.
Für alles, was das Herz in Sachen Speisen und Getränke begehrt, ist gesorgt. Und damit es locker, leicht und lustig wird, gibt es gegen die Kälte einen wundervollen Punsch nach alten Rezepten.
Bis Freitag also, und kommt hungrig, so gegen zehn am Vormittag, ja?

Liebe Grüße,

Tina

... Pausen werden eingelegt, wann immer die fleißigen Helfer es wollen ...!

3. Idee: Glück am Stück

Wenn die Geladenen kommen, haben Sie schon alles bestens organisiert. Das Umzugsgut steht wohl geordnet in Flur und Räumen.

Wer erscheint, ist im Spiel.

Ein großer Schaumstoffwürfel entscheidet darüber, ob er das nächste Stück zu tragen hat.

Jede „1“ packt an ...

Hey, Paule!

Glück muss der Mensch haben, sag ich doch immer. Und Glück, das ist angesagt am Samstag ab 9. Mehr wird nicht verraten.
Warum schon so früh? Weil für jeden ein Stück Glück angesagt ist.
Du wirst schon sehen! Brauchst nix mitzubringen außer guter Laune.

Lass dich überraschen ...!

Dein Andi

Hallo, Iris & Ulli,

kann es sein, dass ihr lange nicht mehr
geküsst habt?
Oder mal ein paar andere Lippen schmecken
möchtet?
Dann nichts wie her zu mir, am Sonntag,
30. März, bitte pünktlich gegen zehn Uhr
am Vormittag. Da beginnt das Kussfest.
Für ganz geringe Gegenleistungen gibt es
Küsse satt!
Lecker, lecker, ihr werdet begeistert sein ...!

Küsschen,
eure Renate

4. Idee: Kussfest

Renate zieht um.

Für jeden Einsatz bekommen ihre Helfer einen Kuss!

Sie hat dann zwar Fransen an den Lippen, aber alles im Lkw ...
und die Frauen küsst ihr Freund Andreas!

Sir, (Lady,)

Euer Gnaden
ist geladen.
Dieser Raum –
fast ein Traum.
Kurzer Griff
ohne Pfiff.
Dann ein Mahl
Ihrer Wahl.
Dann ein Trank.
Vielen Dank.
Fertig, aus,
schnell nach Haus!

Diese Einladung kommt von Lothar und
ist gültig für die Berliner Str. 37
am Samstag, 23. September, 10 Uhr.

5. Idee: Roomservice

Je ein Team ist für ein Zimmer zuständig – und macht Pause mit allerlei Leckereien, wenn dann das nächste Team an der Reihe ist …

Klar, dass Sie beim Eintreffen der Crew mit hervorragenden Snacks und Getränken (und vielleicht dem Evergreen „Hotel California" von den Eagles) für beste Stimmung sorgen!

Zu teuer?
Zu kompliziert?

Dann nehmen Sie doch ein Umzugsunternehmen und klappen dieses Buch zu!

Sechster Akt: Runter und rein!

Wer richtig **packt**, der packt's **richtig**!

Vom richtigen Zupacken

Mal ehrlich, es hat wirklich keinen Sinn, wenn Sie und Ihre vielen Helfer einfach so drauflos werkeln, sich nach 'ner Stunde der Erste mit Rückenproblemen abmeldet, kurze Zeit später der Nächste beinahe mitsamt einer viel zu schweren Kiste die Treppe hinuntersegelt und sich auch bei den anderen so langsam größere Verschleißerscheinungen bemerkbar machen.

„Sutsche", sagen manche Zeitgenossen und meinen damit: langsam, mit Bedacht, wohl überlegt. So soll es sein, wenn der Mensch und vor allem sein Körper geschont werden müssen.

Und deshalb hier ein paar unerlässliche Tipps zum richtigen Anpacken und Tragen, ertragen Sie sie:

- Schwere Teile heben Sie bitte nicht mit gestreckten Beinen und gekrümmtem Rücken vom Boden auf.
- Stellen Sie die Füße möglichst nahe an das Stück und gehen Sie zum Anheben in die Hocke. Dann drücken Sie die Knie durch – und Ihr armer Rücken muss nicht die ganze Last allein stemmen.

- Beim Absetzen gehen Sie wieder in die Hocke.
- Setzen Sie die Last gleichmäßig und mit geradem Rücken ab und beugen Sie dabei die Beine; nicht kurz vor dem Absetzen ruckartig das Gewicht abfangen!
- Sorgen Sie dafür, dass Sie das ganze Gewicht immer gleichmäßig verteilen und nicht mit einem Ruck anheben, so nach dem Motto: „Seht her, ich bin der Stärkste." Will keiner wissen; es sind ja schließlich alle mit Schleppen beschäftigt!
- Beim Anheben und beim Tragen verdrehen Sie möglichst nicht die Wirbelsäule und bilden Sie kein Hohlkreuz!
- Tragen Sie die Lasten immer dicht am Körper und winkeln Sie ihn nicht zur Gegenseite ab, Ihre Wirbelsäule dankt es Ihnen. Einseitige Belastungen sind ganz schlecht, das werden Sie schnell feststellen.
  Am besten verteilen Sie die guten Stücke möglichst auf beide Arme.

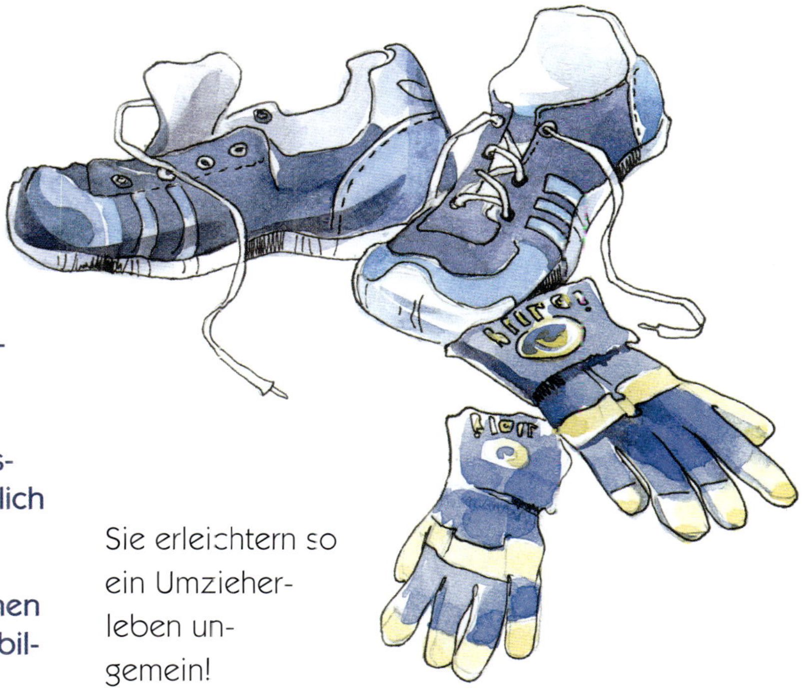

Sie erleichtern so ein Umzieherleben ungemein!
Müssen am Ende der Treppe noch größere Entfernungen zurückgelegt werden (Wer hat denn da wieder kein Schild vorm Haus aufgestellt?), dann sollten Transporthilfen wie Handkarren oder Sackkarren benutzt werden – **kleine Teile, aber große Hilfen!**

Kleine Helfer

Und frei nach dem Motto **„Viele Köche verderben den Brei eben nicht"** sollten Sie schwere Lasten nach Möglichkeit aufteilen oder nur zusammen mit einer zweiten Person heben. Auch sperrige Gegenstände lieber zu zweit tragen und nach Möglichkeit Tragehilfen einsetzen. Von Tragegurten und Trageklemmen haben Sie ja sicher schon mal etwas gehört?!
Wussten Sie, dass es auch ganz raffinierte Dinger wie Handmagnete und Saugtragegriffe gibt?

Ach so, und wenn Sie aus irgendwelchen unerfindlichen Gründen auf das Tragen von Arbeitshandschuhen verzichten wollen, ist Ihnen eigentlich nicht mehr zu helfen ...

... und für Badelatschen oder andere schmucke Fußkleider ist es vielleicht auch nicht ganz die richtige Zeit!

Vom richtigen Einladen

Klasse, wenn alles kreuz und quer in den Laster gepackt wird. Schon während der Fahrt vereinen sich Möbel, Umzugskisten, Lampen, Teppiche, Bettzeug und Utensilien jeglicher Art zu einem undurchdringlichen Dschungel.

Beim Ausladen wird es dann richtig spannend, heile und kaputte Sachen voneinander zu trennen. Und nicht vergessen: Gleich den Sperrmüll bestellen.

Es geht auch anders, wenn schon beim Einladen ein wenig Denken im Spiel ist.
Immer schön den netten Satz von Curt Goetz vor Augen haben:

**„Allen ist das Denken erlaubt –
Vielen bleibt es erspart."**

Das richtige Einladen spart jede Menge nachträglichen Stress. Und so geht es:

Erst klein, dann groß!

Sie sind clever. Also wissen Sie, dass in der neuen Wohnung erst die Möbel stehen müssen und Sie dann einräumen können.

Und weshalb kommen Sie dann auf die komische Idee, erst die Möbel einzuladen und dann die Umzugskisten?
TЯHƎKƎᘓMU wird ein Schuh daraus!

Sie ziehen um, also steuern Sie auch die ganze Geschichte.

Fühlen Sie sich als Regisseur und nicht als Kulissenschieber! Sie selbst tragen nicht Kisten, sondern die Verantwortung. Das reicht!

Stehen Sie an der richtigen Stelle, sozusagen auf dem Feldherrnhügel, überwachen den Prozess und geben die Einsätze.

Lassen Sie so packen, dass die Möbel für das vorderste Zimmer in der neuen Behausung zuerst ihren Platz im Wagen finden, gesichert, gepolstert und festgeklemmt mit Kisten und den Dingen, die in genau diesen Möbeln untergebracht werden sollen.
Es folgt der gesamte Inhalt für das nächstgelegene Zimmer und so weiter.

Ganz zum Schluss lassen Sie die Dinge für den hintersten Raum einladen. Dann Türen zu!

Und wenn der Wagen vor den Außenwänden Ihres neuen Zuhauses steht: Türen aufklappen, Raum für Raum ausladen, hochschleppen, aufbauen und einräumen.

Genial, nicht? Wie sind Sie bloß darauf gekommen?

Gut verstaut ist Gold wert!

Schauen Sie sich immer mal wieder die bereits aufgeladenen Sachen an.

Und dann stellen Sie sich vor, was geschehen würde, wenn während der Fahrt ein richtig heftiges Bremsmanöver vonnöten wäre – und das kommt, jede Wette!

Was kann da alles verrutschen, durch die Gegend fliegen, kaputtgehen?

Besser, Sie fesseln die Möbel mit Gurten und Seilen an die Seitenwände des Lasters.

Empfindliche Stücke wie Spiegel, Bilder, überhaupt alles, was mit Glas zu tun hat, sollten Sie mit Decken, Tüchern oder Pappen schützen!

Ob Sie es glauben oder nicht:
Jeder noch so kleine unausgefüllte Zwischenraum kann bei einem starken Ruck eine mächtige Lawine ins Rollen bringen.
Ob da dann Scherben auch noch Glück bringen, kann nicht garantiert werden!

Gestühl und Gesang

Wenn Sie Stühle stapeln, legen Sie Lappen oder Handtücher zwischen die einzelnen Sitzgelegenheiten, umwickeln Sie Stuhl- und Tischbeine. Das schützt die Möbel vor Transportkratzern.
Verstauen Sie die Teile Ihrer Stereoanlage einzeln und nicht zusammen. Oder packen Sie CD-Player und Co. am besten gleich in den Pkw.

Einen heben

Hat der von Ihnen gemietete Lkw eine Hebebühne?

Kompliment, gut mitgedacht!

Nur: Nicht jeder kann so einen Apparat auf Anhieb fehlerlos bedienen. Oder wie es der Polizeibericht auszudrücken pflegt:
„Immer wieder kommt es bei Umzügen zu Unfällen durch die unsachgemäße Bedienung der Hebebühne."

Stehen Sie lieber SELBST an den Bedienungsknöpfen oder weisen Sie einen umsichtigen Menschen ein, der dann für das Auf und Ab zuständig ist!

Der achtet dann darauf, dass weder der noch benötigte Teil eines Menschen noch irgendein Gegenstand eingequetscht wird.

Halten Sie die Bühne immer trocken, damit nichts und niemand ausrutscht!

Und immer auf sicheren Stand achten und die Räder von Transporthilfen während des Hebens und Senkens am besten festklemmen!

Gute Fahrt

Wir wollen hier nicht allzu viel unken, aber wahrscheinlich kommt es nicht von ungefähr, dass die Begriffe Fahren und Gefahren so sehr ähnlich klingen.

Malen wir den Teufel nicht an die Wand, es wird schon gut gehen – wenn Sie ein bisschen etwas beherzigen!

Wollen Sie den Umzugswagen selbst fahren?

Na klar doch, Sie sind ja ein ausgezeichneter Fahrer, sozusagen ein Profi.

Aber, Hand aufs Herz:

Sind Sie mit einem solchen Teil schon mal herumgegurkt?

Der normale Autofahrer weiß genau, wie er seinen Wagen lenkt.
Nun fährt sich Ihr gewohnter fahrbarer Untersatz allerdings völlig anders als der mittlere Koloss, den Sie sicher und elegant durch die Straßen und vor allem um die Ecken kutschieren wollen!

Früh übt sich ...

Was halten Sie von ein paar lockeren Übungseinheiten mit leerem Wagen auf einem freien Platz?
Da können Sie sich in aller Ruhe an die größeren Abmessungen und die anderen Fahreigenschaften des Lkw gewöhnen!

Das Abbiegen und vor allem Rückwärtsfahren haben es in sich! So ein Laster hat zum Beispiel einen deutlich größeren Wendekreis, als Sie es gewohnt sind!

Äußerst gewöhnungsbedürftig ist das völlig andere Orientieren: Es gibt keinen mittleren Rückspiegel; nur die beiden Seitenspiegel stehen zur Verfügung –
ziemlich neue Ansichten, die man erst einmal einschätzen lernen muss!

Auch das Rückwärtsfahren hat so seine Tücken.

Also lassen Sie sich am besten immer von einem Helfer einwinken, wobei Ihnen ja klar ist, dass Sie und Ihr Helfer sich tunlichst über die Bedeutung der Zeichen EINIG sein sollten!

Noch 'n Tipp:
Lassen Sie den Umzugswagen niemals unbeaufsichtigt stehen! Manche Menschen haben LANGE Finger!

Und ganz schwierig:
Auf der rechten Seite gibt es den berüchtigten toten Winkel!
Seien Sie vorausschauend und vorsichtig, und denken Sie bitte immer an die Radfahrer!

Und schließlich sollten Sie wissen, wie hoch und breit das Fahrzeug ist.

Uff, geschafft!

Zuletzt:

Achten Sie bei Toren, Brücken und Tunnels auf die angegebenen Höhen- und Breitenangaben, dann kann nichts schief gehen!

Siebter Akt:

Ausladen

Mit KLAREN Ansagen das ChAoz vermeiden!

Sag, was du meinst, und du bekommst, was du willst!

Ausnahmslos alle meine von mir sehr geschätzten Beraterinnen und Berater für dieses Buch haben gemeint, beim Ausladen höre der Spaß aber spätestens auf. Da müsse man hochkonzentriert sein, da gäbe es nichts zu lachen. Das ist wohl richtig.
Also wird dieses Kapitel so knapp wie möglich gehalten.

Beherzigen Sie so gut es geht die Aussage der Überschrift!
Sie selbst sollten das Ausladen gut vorbereiten – und möglichst nicht beim Tragen mithelfen, sondern unten am Auto stehen bleiben.

Dann können Sie für jedes einzelne Stück eine klare Anweisung geben, wo es hingehört.

Das ist sehr viel hilfreicher, als wenn Ihre Helfer Sie ständig suchen und um Auskunft bitten müssen.

Alles nach Plan

Damit Sie den Helfern genau sagen können, wo Sie Ihre Einrichtungsgegenstände hinhaben wollen, sollten Sie vorher einen **Möbelstellplan** machen – und beim Ausladen in der Hand haben!

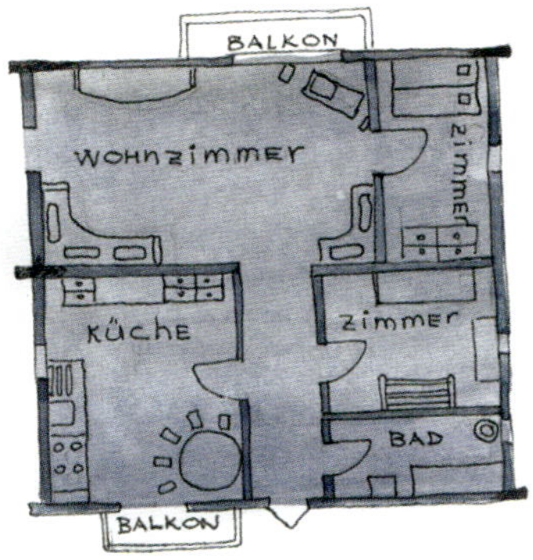

- Zeichnen Sie den Grundriss Ihrer neuen Wohnung maßstabsgerecht auf. Dabei hat sich ein Maßstab von 1:50 bewährt (1 m in Ihrer Wohnung entspricht 2 cm auf dem Papier).

- Zeichnen Sie ein, zu welcher Seite und wie weit sich Fenster und Türen öffnen.

- Zeichnen Sie Heizkörper, Fenstersimse, Wandaussparungen und Raumschrägen (die Maximal-Höhe für die Möbelstücke beachten) ein.

- Vermerken Sie Anschlüsse für Gas, Wasser, Telefon, Fernsehen/Radio und die Steckdosen.

– Denken Sie darüber nach, wo Ihr PC stehen soll, und stellen Sie fest, ob dort alle Anschlüsse in ausreichender Anzahl vorhanden sind.

NICHTS ist hinderlicher für einen reibungslosen Ablauf als das Umstellen vom einen in den anderen Raum!

Bezahlte Helfer

Wenn sich alle Ihre Freunde wegen Rückenschmerzen und anderen Kümmernissen krank melden, dann können Sie auf bezahlte Helfer zurückgreifen.

Zu finden sind diese netten Menschen im Internet zum Beispiel unter www.transport-helfer.net
Sie nehmen zwischen 12,00 und 15,00 € die Stunde – und das zu bezahlen ist immer noch besser, als alleine dazustehen!

Zettelwirtschaft

Vorher aber haben Sie noch einiges zu erledigen!

Dass der Platz, an dem der Lkw ausgeladen werden soll, rechtzeitig abgesperrt ist, haben Sie ja hoffentlich nicht vergessen!

Fertigen Sie am besten am Abend vor dem Umzugstag für jeden Raum einen Zettel an. Darauf steht dann alles, was in ein bestimmtes Zimmer muss.

Die Zettel kleben Sie, bevor die erste Kiste ausgeladen ist, an die Türrahmen der betreffenden Zimmer, gut sichtbar, damit sich die Helfer, wenn sie vor lauter Schleppen Ihre Anweisung auf dem treppenreichen Weg nach oben vergessen haben, auch in der Wohnung selbst noch einmal orientieren können.

So könnten die Zettel aussehen:

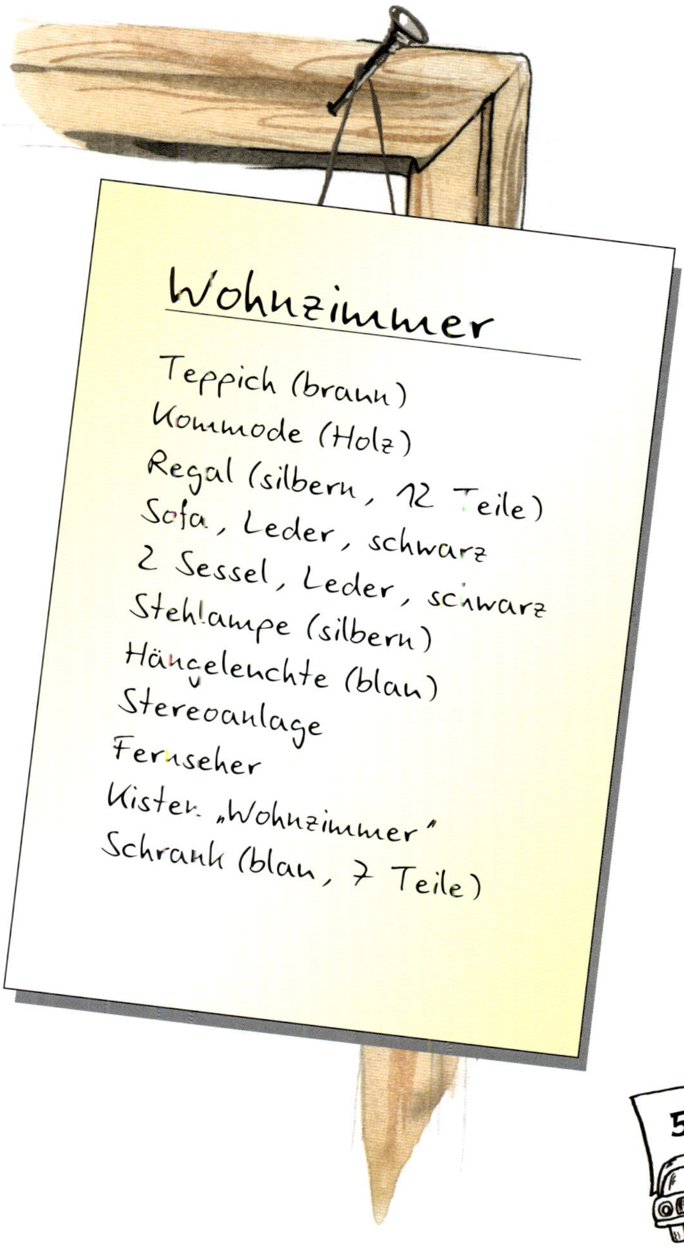

Allerlei nicht nebenbei

Hier noch ein paar Tipps zum guten Gelingen:

– Lassen Sie Platz in den Räumen, sonst kann sich niemand mehr bewegen.

– Stellen Sie Möbelteile am besten an die Wände, damit sie aus dem Weg sind.

– Kisten lassen Sie in die Mitte der Räume stellen, damit genügend Platz zum Aufbau der Möbel ist.

– Sorgen Sie dafür, dass reichlich alkoholfreie Getränke vorhanden sind, Schleppen macht durstig.

– Stellen Sie den Helfern Arbeitshandschuhe zur Verfügung.

– Falls jemand zur sehr in Schweiß gerät, hilft eine Küchenrolle.

Wenn Sie Anzüge und Kleider aus den Schränken direkt in Garderobeboxen gehängt haben, ersparen Sie sich das Aufbügeln!

Sehr praktisch sind Garderobeboxen mit Stange zum Aufhängen von Kleidern.

Ein Platz für den Lkw

Die Firma „moveasy" (www.moveasy.de) bietet den Service an, für Ihren Umzug eine Halteverbotszone zu realisieren, und zwar mit allem, was dazugehört.
Die Preise finden Sie auf der Internetseite.

Hier das Beispiel für Berlin:

Hin & weg
Aufstellen einer Halteverbotszone bis ca. 15 m Länge einschließlich Genehmigungsservice, Anlieferung, Auf- und Abbau, Abholung und Schildermiete.

69,00 €

Extrabreit
Aufstellen einer beidseitigen Halteverbotszone (in schmalen Straßen, zur Erhaltung der Durchfahrtsbreite, das ergibt sich vor Ort oder wird angeordnet.) – inklusive Genehmigungsservice, Anlieferung, Auf- und Abbau, Abholung und Schildermiete.

109,00 €

Katzensprung
Aufstellen von zwei Halteverbotszonen, wenn diese im selben Bezirk oder dicht benachbart liegen – einschließlich Genehmigungsservice, Anlieferung, Auf- und Abbau, Abholung und Schildermiete.

119,00 €

TRANS

Achter Akt: Aufbauen und einordnen

Schritt für Schritt – nicht aus dem Tritt!

„Ein guter Einfall ist wie ein Hahn am Morgen – gleich krähen andere Hähne mit.“

Karl Heinrich Waggerl

Alles da, alles drin.
Während die fleißigen Helferlein noch die letzten Kisten hochwuchten, beginnen Sie so langsam mit der Einrichtung der Wohnung.
Der Werkzeugkasten steht bereit, und in jedem Zimmer befinden sich alle Teile der guten Stücke, die da auch hingehören. Es kann losgehen.

Bodenständig

Man traut es sich ja kaum zu sagen, aber:
Betrachten Sie vorneweg noch mal die Böden der neuen Wohnung. Muss da nicht noch irgendein Teppich ausgerollt werden, bevor die Möbel zum Stehen kommen?
Ganz schlecht, wenn alles aufgebaut, womöglich auch noch eingeräumt ist und Sie fangen dann erst an darüber nachzudenken, ob das eine oder andere Stück ja eigentlich auf einem Teppich stehen soll.

Da ist Musik drin!

Klar, das Aufbauen der Möbel ist schon eine etwas knifflige Sache, und das ganz besonders, wenn ein gewisses Unternehmen aus Schweden beteiligt ist, Sie wissen ja, „inbusmäßig“. Sehr viel besser und leichter geht alles von der Hand, wenn Sie das Ganze so relaxt wie möglich in Angriff nehmen.
Und dabei „kommt“ Musik besonders gut!

Also installieren Sie erst einmal die Anlage, stellen die Boxen einigermaßen zentral auf und legen eine CD ein. Leicht und locker sollte die Musik rüberkommen. Nicht zu viele Bässe und nicht zu viele Drums, sonst geht das Ganze schnell auf die Nerven.
Dass im Rhythmus geschraubt wird, dagegen ist nichts zu sagen. Und wenn die ganzen schwierigen Brocken anstehen, zaubert vielleicht sogar ein Wagner Lächeln auf die Gesichter.

Na sehen Sie, es geht doch!

Schlafes Geschwister

Frühzeitig geplant hilft immens beim Aufbau. Verteilen Sie also zuerst die vorher angefertigten Pläne in die einzelnen Zimmer. So kann jeder sehen, was wohin kommt.

Dann nehmen Sie sich den ersten Raum vor, entweder – wenn Sie stolze Eltern sind – das Kinderzimmer, oder wenn nicht – kann ja noch werden – das Schlafzimmer.

In der bevorstehenden Nacht werden Sie nämlich mit ziemlicher Sicherheit ganz schön geschafft in die Betten fallen. Da wäre es doch wünschenswert, wenn die schon fix und fertig wären!

Außerdem sind Betten meistens nicht besonders kompliziert aufzustellen.
Jetzt noch mit der schönsten Wäsche beziehen, und dem Erholungsschlaf steht nichts mehr im Wege!

Ach, noch was:
Wenn Sie am nächsten Morgen in der wunderbaren neuen Wohnung den ersten Stress vermeiden wollen und es nicht mehr geschafft haben, den Schlafzimmerschrank aufzubauen geschweige denn einzuräumen, dann legen Sie sich die Klamotten für den nächsten Tag bereit. Sonst geht die Sucherei einfach zu zeitig los.

Spieglein, Spieglein ...

Ein Plätzchen für die allmorgendliche Schminkorgie sollte der weiblichen Bewohnerin auf jeden Fall zur Verfügung stehen. Sonst wird sie nämlich nicht mit besonders guter Laune gesegnet sein!

Deshalb am besten gleich einen der wichtigsten Räume nutzbar machen: das BADEZIMMER.

Wahrscheinlich ist da wohl nicht allzu viel zu tun; das Waschbecken wird ja nicht abgebaut worden sein!

Beim Spiegel kann das schon anders aussehen.

Vor allem Licht muss sein, also schrauben Sie, wenn nötig, Lampen an. Vorher aber den Strom abstellen, ja sicher!

Men's special:

Ihre Herzensdame hat den Umzugsdauerstress derart tapfer durchgehalten, dass es jetzt mit drei bis fünf roten Rosen nicht getan ist!

Also: Cut! Pause!

Tragen Sie ihr eine „Ode" vor, und ihr Herz wird überfließen vor lauter Glück.

Und da Sie selbst ja nicht alles allein machen wollen, sprechen die besten Freunde (denen tut ja eine kleine Pause genauso gut) mit, und zwar die fett gedruckten Zeilen.

Jeder bekommt eine Kopie dieses Gedichtes und sollte es sich kurz mal durchlesen.

Dann geht es los, säuseln Sie:

Holde Maid

Holde Maid,
du bist allzeit bereit.
Oh wie ist das schön,
packst immer an,
machst das, was ich nicht kann.
Es ist so schön,
dich anzusehn.

Liebes Stück,
was hab ich für ein Glück.
Oh wie ist das gut,
bist nie genervt,
hast den Blick mir geschärft.
Zickst nicht rum,
wie wohl das tut.

Glaube mir,
ich bleib immer bei dir.
Oh wie ist das fein,
kriegst jetzt zum Schluss
einen ganz dicken Kuss.
Der lässt dich
nie mehr allein.

Wer es nicht lassen kann, darf dieses Gedicht auch singen; Sie kennen doch sicher den Gassenhauer „Schöne Maid, hast du heut für mich Zeit …"

Esskapaden

Was soll ich Ihnen erzählen, Sie wissen es selbst am besten:

Liebe geht durch den Magen!

Und Freundschaft auch, sollte gleich hinzugefügt werden. Klar ist auch, dass die Helfer nun schon einigermaßen erschöpft sind und unbedingt der Stärkung gebrauchen.

Kommen Sie nun aber nicht auf die Idee, mal eben die Küche zum Funktionieren bringen zu wollen.

Halten Sie sich den Stress vom Leibe und machen Sie es allein und in Ruhe.

Bereiten Sie diese „Esskapaden" vor dem Umzugstag vor oder – noch besser – beauftragen Sie Ihre besten Freude mit der Vorbereitung des

Wohnungsfood

Für jeden Raum der neuen Wohnung gibt es das angemessene Angebot, übrigens serviert auf Einmalgeschirr mit Einmalbesteck, dann kann alles nach dem Grand Buffet sofort entsorgt werden.

Im **Flur** steht das Entree: Oliven, Schafskäse, nette Kleinigkeiten.
Im **Wohnzimmer** könnten Sie auf spießige Spießchen zurückgreifen, Sie wissen schon, Käse – Traube – Käse usw. Wir empfehlen jedoch Kanapees.
Im **Schlafzimmer** warten die Würstchen im Schlafrock, klar doch. Vielleicht liegen da auch ein paar Betthupferl herum.
Im **Bad** sind die Donauwellen zu finden; etwas Süßes braucht der Mensch.

Und im Gästezimmer, falls Sie eins haben, gibt es – nichts, damit Ihre Gäste nicht mit Gastritis nach Hause schleichen!

Zum Schluss dieses Kapitels noch einige Anregungen und Rezepte:

Kanapees

Brotbasis:
Baguette, Ciabatta, Vollkorn-, Leinsamenbrot

Fisch-Kanapees

„Café de Paris“
mit Shrimpssalat und exotischen Früchten

„Canada“
mit graved Lachs und Honig-Dill-Sauce

„Genève“
mit geräuchertem Forellenfilet und Zitronen-mousse

Käse-Kanapees

„Provence“
mit Camembertspalten und Preiselbeeren

„Italian“
mit Mozzarella, Cocktailtomaten und frischem Basilikum

„Bavarian“
mit herzhaftem Käse, Tomate und Minilaugen-brezel

Wurst-Kanapees

„Toskana“
mit Parmaschinken und Honigmelonen-bällchen

„Frankonia“
mit Spargelspitzen und Schinken

„Meran“
mit Salami, Käse und Ei

Vegetarische Kanapees

„Parisien“
mit Walldorfsalat, Mandarinen und Walnuss-hälften

„Piña“
mit Tofu und Ananas-Trauben-Sauce

Achter Akt: Aufbauen und einordnen!

Donauwellen

Zutaten:

Für den Teig: 250 g Margarine oder Butter, 200 g Zucker, 1 Pck. Vanillezucker, 1 Prise Salz, 5 Eier, 375 g Mehl, 3 gestr. TL Backpulver, 20 g Kakao, 1 EL Milch, 1 Glas Sauerkirschen, entsteint

Für die Creme: 1 Pck. Vanillepuddingpulver, 100 g Zucker, 1/2 l Milch, 250 g Butter

Außerdem: 200 g Zartbitterkuvertüre

Zubereitung:

1. Die Margarine oder Butter mit Zucker und Vanillezucker schaumig rühren. Das Salz und nach und nach die Eier unterrühren.

2. Das Mehl mit dem Backpulver mischen und löffelweise unterrühren, bis ein geschmeidiger Teig entsteht.

3. Ein Backblech mit Butter fetten und ca. 2/3 des Teiges darauf streichen.

4. Den restlichen Teig mit Kakao mischen und mit dem Esslöffel Milch verrühren. Den dunklen Teig auf dem hellen verteilen und glatt streichen.

5. Die Sauerkirschen durch ein Sieb abgießen, gut abtropfen lassen und auf den dunklen Teig geben.

6. Im vorgeheizten Backofen bei 180–200° C ca. 35–40 Min. backen und erkalten lassen.

7. In der Zwischenzeit den Vanillepudding aus Milch, Zucker und Puddingpulver zubereiten und etwas abkühlen lassen. Die Butter cremig rühren und esslöffelweise mit dem Pudding vermischen. Den Kuchen gleichmäßig mit der Buttercreme bestreichen und in den Kühlschrank stellen.

8. Zum Schluss die Zartbitterkuvertüre im Wasserbad schmelzen und nicht zu heiß über die kalte Buttercreme streichen.

Sandwich

Zutaten:

1 Baguette von 20 cm, 3 Scheiben Käse, 2 Scheiben gekochter Schinken, 1 Tomate, 1 Stück Gurke, 2 EL Majonäse, 1 EL Kresse

Zubereitung:

1. Die Tomate und die Gurke waschen und in Scheiben schneiden.

2. Das Baguette mit einem Messer längs halbieren und die untere Hälfte mit einem Esslöffel Majonäse bestreichen.

3. Das Baguette mit dem Käse, dem Schinken, den Gurkenscheiben, den Tomatenscheiben und der Kresse belegen.

4. Die restliche Majonäse darauf geben, die obere Hälfte des Baguettes darauf setzen.

Würstchen-Gulasch

Zutaten:

200 g Kartoffeln, 1 Zwiebel, 1 kleine Chili, 1 Paar Wiener Würstchen, 1 Paar geräucherte Mettwürstchen, 1EL Öl, 2 EL Essig, Salz, Pfeffer, 2 EL Paprikapulver, 1 TL Majoran, einige Spritzer Worcestersauce, 200 g Sauerkraut, 1 Prise gemahlener Kümmel

Zubereitung:

1. Die Kartoffeln schälen, vierteln und in Salzwasser ca. 15 Minuten kochen. Anschließend das Wasser abgießen und aufheben, den Dampf entweichen lassen, den Deckel wieder schließen und die Kartoffeln im Topf warm halten.

2. Die Zwiebel schälen und klein würfeln. Die Chili der Länge nach halbieren, die Kerne auskratzen und die Chili in ganz kleine Würfel schneiden. Die Würstchen in Stücke schneiden.

3. Das Öl in einer tiefen Pfanne erhitzen und die Zwiebel, die Wurststücke und die Chiliwürfel darin andünsten. Den Paprika darüber streuen und mit dem Essig ablöschen. Das Kartoffelwasser dazugeben und mit Salz, Pfeffer, Majoran und Worcestersauce würzen. Das Sauerkraut etwas auflockern und in die Sauce geben, mit etwas Kümmel würzen. Den Deckel schließen und das Ganze bei geringer Temperatur ca. fünf bis acht Minuten garen.

4. Die Kartoffeln mit dem Gulasch vorsichtig vermischen und servieren.

Wurstsalat der besonderen Art

Zutaten:

3 Scheiben Gelbwurst, 3 Scheiben Salami, 3 Scheiben Schinken, 3 Scheiben Emmentaler, 1 kleine Zwiebel, 1 EL schwarze Oliven ohne Stein, 1 kleine Tomate, 1 EL Kräuteressig, 2 EL Öl, Salz, Pfeffer, 1/2 TL mittelscharfer Senf, 1 TL gehackte TK-Petersilie

Zubereitung:

1. Die Gelbwurst-, Schinken-, Salami- und Emmentalerscheiben in feine Streifen schneiden. Die Zwiebel schälen, vierteln, in den Zerkleinerungsaufsatz des Pürierstabs geben und grob zerhacken. Die Oliven in Ringe schneiden. Die Tomate waschen, den grünen Stielansatz entfernen und die Tomate achteln.

2. In einer Tasse oder in einem Schüttelbecher eine Marinade aus Essig, Öl, Salz, Pfeffer und Senf zubereiten. Die gehackte Petersilie über den Salat streuen, die Marinade darüber gießen und alles gut vermischen.

Dazu schmeckt herzhaftes Bauernbrot mit Butter.

Neunter Akt: Einrichten

Eine neue Wohnung ist wie ein neues Leben!

„Fordere viel von dir, erwarte wenig von anderen, dann bleibt dir mancher Ärger erspart.“

Konfuzius

Jetzt ist der Feinschliff angesagt!
Das Gröbste haben Sie hinter sich, Hallelujah. Alle Möbel stehen an der richtigen Stelle, sieht ja alles schon fast wie bewohnt aus.

Nun heißt es Einrichten und Einräumen. Und dem Motto dieses Buches zufolge wird auch das zum Spaß, Sie werden es erleben.

Bevor es losgeht, aber noch ein kleines Kompliment: Sie haben wirklich ganz schön „ausgemistet“ beim Ausziehen!

Wie sich das jetzt lohnt! Ist doch irgendwie viel übersichtlicher geworden, was Sie jetzt noch in den Schränken, Kommoden und Regalen unterbringen müssen.

Raum ist also genug da; es ist gar nicht nötig, Handtücher und Bettwäsche bis unter die Decke zu schichten und Blusen und Hemden übereinander auf die Bügel zu hängen.

Und der Schuhschrank ist womöglich so leer, dass drei, vier neue Paare locker Platz finden. **Ist das nicht eine wunderbare Aussicht, meine Damen?**

Und nun ans Werk!

Hier muss Ihnen sicher nicht in epischer Breite erzählt werden, wie Sie Ihre Wohnung richtig einrichten. Das wissen Sie selbst am besten. Das Anbringen von Lampen und Spiegeln, das Ausrollen Ihrer Teppiche und Läufer, all das braucht nicht weiter erwähnt zu werden; Sie machen das schon!

Deshalb an dieser Stelle nur eine kleine Auswahl von Tipps und Ideen, was Sie jetzt wie ohne Stress und mit Spaß angehen können.

Das kleine Einräumspielchen funktioniert nur zu zweit.
Die Singlevorschläge jedoch können Sie natürlich auch umsetzen, wenn Sie einen Partner haben – dann aber lieber alleine.

Wohin mit dem Ding?

Lassen Sie sich Spielzeit beim Einräumen, Rom ist auch nicht an einem Tag erbaut worden. Setzen Sie sich mit Ihrem oder Ihrer Liebsten in einem Raum, meinetwegen dem Schlafzimmer, mitten auf den Boden.

Machen Sie es sich bequem!

Packen Sie alle Kartons aus und verteilen Sie Hosen, Hemden und so weiter um sich.
Und dann spielen Sie „Wohin mit dem Ding?".

Sie beginnt und sagt:
„Es kommt in den Kleiderschrank."

Er rät, zeigt auf ein Kleidungsstück und meint:
„Diese Bluse da!"

Sie schüttelt verneinend den Kopf und sagt:
„Es ist aus Wolle."

Wieder rät er und fragt:
„Der grüne Pullover?"

Sie lacht und blickt gespielt verzweifelt zur Decke:
„Es ist zweiteilig."

„Jetzt hab ich's", ruft er. **„Das blaue Jackenkleid."**

Dafür bekommt er einen Kuss und darf das Kleid gleich in den Schrank hängen.

Dann ist er an der Reihe, grinst und sagt: „Es ist spitz."

Sie schaut ihn zweifelnd an und hat zuerst den leisen Verdacht, er nehme seine schlüpfrigen fünf Minuten. Dann bekommt sie nach zwei, drei weiteren Fragen aber doch noch die Kurve zu seiner rotblau gestreiften Krawatte.

Wieder lässt sie sich etwas einfallen.

Und wenn die beiden nicht irgendwann abgebrochen haben, dann fragen sie noch heute …

Singleweibchen:
Farbfreuden

Zugegeben, Sie haben es schwer. Eigentlich sind alle Schränke zu klein. Wie sollen da bloß die ganzen Schätze Platz finden?

Nicht, dass ich es Ihnen vor einigen Seiten nicht gesagt hätte:

„Was Sie seit Jahren nicht mehr getragen haben, das kann auch ganz weg."

Aber auf mich hört ja keiner, eher bekommt man noch ein gezischtes „Heul doch!" ab.

Also gut, bewahren Sie die Ruhe – und nutzen Sie Ihre letzte Chance!
Beim nächsten Zickentreff in Ihrer neuen Behausung spielen Sie **„Color Key"**:

Packen Sie alles, was Sie jetzt doch loswerden wollen, ein und kleben Sie einen zum Eingepackten passenden Klebepunkt auf die Verpackung.
Dann setzen Sie sich mit Ihren Freundinnen zusammen und lassen einen Farbwürfel kreisen.
Wenn Susi dann „rot" würfelt, darf sie sich eines der Päckchen mit rotem Punkt auswählen und so fort.

Nur eines sollten Sie gnadenlos durchziehen:
Die Päckchen dürfen nicht an Ort und Stelle ausgepackt werden, sondern erst zu Hause! Dann ersparen Sie sich das Gezeter – und das Rückgaberecht.

Singlemännchen:
Schreckschrauben

Es ist die Zeit angebrochen, zu der Sie sich endlich einer wirklich wichtigen Betätigung hingeben dürfen!

Schon immer haben Sie sich gewünscht, dem Werkzeugkoffer an den Kragen zu gehen. Was sich in der Holzkiste so alles angesammelt hat, das ist ja auch nicht mehr feierlich.

Und jetzt, wo die Abstellkammer noch keine Rumpelkammer ist, gibt es die Chance auszumisten, und zwar gründlich:

Am besten, Sie setzen sich an einen Tisch, legen (Zeitungs-)Papier auf die Tischplatte und kippen den Kasten einfach um!

Der Mülleimer steht bereit und nimmt nicht nur die zwischen Schrauben, Muttern, Unterlegscheiben, allerlei Strippen und Feilen verborgenen Staubnester auf.

Brauchen Sie wirklich all die angerosteten Haken, verbogenen Dübel und krummen Nägel noch?

Na, sehen Sie!
Weg damit und „a Ruh is"!

Gebucht:
Ein literarischer Abend

So, Sie haben sich also beim Einpacken nicht entschließen können, Ihre Büchersammlung ordentlich durchzuforsten.

Da stehen nun die Kartons voll mit Wälzern – und wie soll es weitergehen?

Vorschlag: Literarisch!

Packen Sie ganz in Ruhe einen Karton nach dem anderen aus und ordnen Sie die Bücher nach Kategorien.

Ein Stapel mit Krimis entsteht, einer mit Romanen, einer vielleicht mit Science-fiction, dann einer mit politischen Büchern, einer mit Bildbänden, einer mit den erinnerungsbeladenen restlichen Kinderbüchern, einer mit Fachliteratur und so weiter.
Die ordnen Sie nun, wenn Sie wollen, nach Alphabet in die Regale ein. Buchrücken an Buchrücken schaut Sie an.

Und am Ende wählen Sie ein Buch aus jeder Kategorie aus. Es ist Ihr Lieblingsbuch oder jenes, das Sie schon immer noch einmal lesen wollten, vielleicht auch eins, in das Sie noch gar nicht geschaut haben.
Das stellen Sie dann so vor die anderen, dass Sie auf den Titel blicken.

Wenn Sie später endlich einmal wieder die Muße finden zu lesen, dann haben Sie so Ihre „Hauptvorschlagsbände“ immer direkt vor Augen!

Edevau:
Einschalten, Durchführen, Verzweifeln

Diese treffliche Definition einer Abkürzung habe ich von meinem Freund Franz.
Der ist zwar Programmierer, schüttelt aber trotzdem immer wieder den Kopf darüber, welche schier unlösbaren Aufgaben uns heutzutage Computer, Telefonanlagen und – ganz hoch im Kurs – Videogeräte aufgeben.

Deshalb:
Bevor Sie sich die gute Laune über die schöne neue Wohnung und den gelungenen Umzug doch noch nachhaltig verderben lassen, schauen Sie in die Zeitung oder die genialen „Gelben Seiten".

Suchen Sie nach einem „PC-Doktor" oder Artverwandten, drücken Sie dem Kerl hundert Euro in die Hand und lassen Sie ihn die ganze Geschichte einrichten.
Das geht schneller und stressfreier, als wenn Sie selbst herumdoktern – und nichts auf die Reihe kriegen.

Wenn Sie aber doch der Ehrgeiz packt, sagen Sie später nicht, Sie seien nicht gewarnt worden.

Und noch eins:

Sollte zu diesem Zeitpunkt der Rechner gleich generalüberholt werden, dann sorgen Sie dafür, dass Sie alle Dateien extern gespeichert haben!

Das tat der Autor dieses Buches nicht, weshalb der Verlegerin wahrscheinlich ein paar graue Haare gewachsen sind ob der einen oder anderen Verzögerung ('Tschuldigung!).

Außerdem sollten Sie über alle CDs in Sachen Programme und Treiber verfügen. Auch das habe ich tunlichst versäumt.

Wie heißt es so schön?
„Es ist bestimmt das größte Leid, das der Mensch sich selbst andeit."

Bildersturm:
Wo denn nun?

Sagen wir es mal klar und deutlich:
Wenn Sie tatsächlich den röhrenden Hirsch aufhängen wollen, dann bitte sehr! Nageln Sie ihn in seinem goldenen Rahmen über dem stilvollen Sofa fest und überschlagen Sie diesen Abschnitt.

Sollten Sie aber denn doch einige Originale oder Drucke besitzen, deren Platz in der neuen Wohnung noch nicht festgelegt ist, dann kommt hier der passende Vorschlag:

Bohrer, Dübel und Schrauben bereit?

Nun gehen Sie gemeinsam oder allein durch die Wohnung und verpassen Sie den Wänden überall dort einen Haken, wo sich Bilder gut machen würden.

Ist diese Arbeit erledigt, setzt sich einer von Ihnen ins Wohnzimmer in einen Sessel. Per Kopfhörer wird er an die Anlage angeschlossen und genießt seine Lieblingsmusik, und zwar völlig abgeschirmt von der Umgebung, eine Binde vor den Augen.

Wechselbad der Gefühle

Der andere hängt nun die Bilder dort auf, wo er sie gerne haben möchte.
Hat er sein Werk vollendet, begutachtet und vielleicht noch einmal korrigiert, löst er den Hörer ab, bekommt seinerseits Kopfhörer und Binde und ruht sich aus.
Nun geht der Partner durch die Räume, schaut sich die Bilder und deren Position an. Er darf verhängen, was er will.
Ist er zufrieden, werden wiederum die Rollen getauscht.

Auf diese Weise machen Sie maximal drei Durchgänge. Dann müssten die Bilder an den Orten angekommen sein, mit denen Sie beide einverstanden sind.

Und gibt es dann wirklich noch einen Streitfall, reden Sie an Ort und Stelle darüber. Sie werden sich einigen!

Zehnter Akt: Die Einweihungs-Fete

Stühlerücken kann auch entzücken

„Wer nicht genießt, wird ungenießbar."

Konstantin Wecker

Es ist geschafft, hurra!

Alle Möbel stehen an ihrem Platz, die Schränke, Kommoden und Regale sind gefüllt, Küche, Bad und die anderen Räume machen einen so aufgeräumten Eindruck wie selten.

Gut, ein, zwei Dinge sind noch nicht wieder aufgetaucht, aber das wird schon werden. Und bei dem einen oder anderen Bild sind Sie auch noch nicht so ganz sicher, welche Wand es zieren soll. Kleinigkeiten, die sich sehr bald erledigen werden.

Jetzt aber soll erst einmal gefeiert werden; Sie haben es sich verdient!

Und das genauso wie Ihre zahlreichen Freunde und Verwandten, die nicht nur – zumindest der eine oder die andere – so tatkräftig mitgeholfen haben, das Chaos zu überwinden.

Alle brennen nun natürlich auch darauf zu sehen, wie das „fertige Werk" ausschaut, welchen Eindruck die neue Wohnung oder das neue Haus macht.
Im Grunde warten sie nur noch auf die Einladung zur Einweihungsparty. Die sollen sie haben.

Ganz feste feiern

Für Speisen und Getränke haben Sie ja wohl gesorgt. Aber da wir es hier nicht mit einem Kochbuch zu tun haben, finden Sie auch keine Rezepte.

Nutzen Sie doch einfach den Pizzaservice oder bestellen Sie ein paar Platten Fingerfood!

> **Einladung zur Einweihung**
>
> **Du hast so schön geholfen.**
> **Dank ist dir sicher.**
> **Auf unserer Einweihungsfete.**
> **Am Freitag, 10. März,**
> **ab 20 Uhr.**
> **Mitzubringen: Nur gute Laune.**

Vergessen Sie nicht auf der Rückseite Ihre neue Anschrift und die Telefonnummer. Und dann ab mit den Karten in den Briefkasten!

Auf jeden Fall aber werden Ihre Gäste zu dieser ganz speziellen Vernissage – der „Wohnungseröffnung“ – mit einem Glas Sekt oder Prosecco willkommen geheißen. Das macht sich gut – und die Korken brauchen wir später noch.

Ansichten

Klar, dass Ihre Gäste sehr gespannt sind, wie die neue Behausung denn nun aussieht. Immerhin haben viele von ihnen mitgeholfen.

Und auch die anderen möchten gerne die fertigen Räume begutachten und den strahlenden Bewohnern das eine oder andere Kompliment machen.

Veranstalten Sie eine kleine Führung durch Ihre Räume.
Wann immer es zu dem einen oder anderen Gegenstand eine Anekdote vom Umzug zu erzählen gibt, rufen Sie den oder die Beteiligten auf, sie genüsslich zu erzählen.

Schön wäre es auch, wenn Sie von der ganzen Umzieherei das eine oder andere Foto geschossen hätten. Dann könnten nun im Flur die Schnappschüsse hängen und bewundert werden.

Ich sage Ihnen, in manchem Kopf kreist dann die Frage, ob man sich nicht doch lieber an diesem Event beteiligt hätte.

Los geht's:

Tastatur

Manche Party läuft etwas zögerlich an, die Gäste sind noch nicht so richtig warm geworden. Das notwendige „Warming up" sollten Sie schon selbst übernehmen.

Und da Sie im Verlauf des Umzuges die Freunde des Partners gut und Ihre eigenen noch besser kennen gelernt haben, wird das erste Spielchen für Sie keine besonders hohe Hürde darstellen.

Lassen Sie sich die Augen verbinden. Die Gäste stehen in einem großen Kreis um Sie herum.
Der oder die erste Freiwillige tritt an und stellt sich vor Sie hin.

Sie sollen herausfinden, um wen es sich handelt. Und das tastend, ohne die Augen zu benutzen.

Also stellen Sie erst einmal fest, ob es sich um Männlein oder Weiblein handelt.

Wie?
Na, da kommen Sie schon drauf!

Danach nehmen Sie sich die Gesichtszüge vor, wuscheln ordentlich in den Haaren herum, stoßen keine Brille von einer Nase und kommen nach und nach an Ihr Ziel.

Wenn die Aufgabe doch zu schwierig ist – hoffentlich haben Sie keine Drillinge eingeladen – dann darf Ihnen ein Tipp gegeben werden.
Und machen Sie beizeiten Schluss mit der Fummelei, wir haben noch viel vor!

Jetzt gibt es erst einmal eine kleine Stärkung und ein Gläschen zu trinken, begleitet von ein paar netten Gesprächen, bis es wieder Zeit wird, alle zusammenzurufen zum sportlich-spaßigen Fünfkampf.

Dazu haben Sie alle nötigen Utensilien bereitstehen und ein paar kleine Preise vorbereitet!

Weiter geht's:

Verkorkst

Sie haben ganz viele Korken zur Verfügung?
Gut so!
Dann wird es ein wunderbar verkorkstes Fest werden, bei dem die Leistungsfähigkeit der Wohnung spielerisch erprobt wird. Beginnen wir mit einer leichten Trainingseinheit, der

Bodenprobe

Eine Wand im Raum ist freigeräumt. Jeder Mitspieler (zwingen Sie nie jemanden zum Spielen, sonst hört der Spaß schnell auf) bekommt drei Kronkorken.

Auf deren Innenseite prangen gleiche Klebepunkte, so dass einfach festzustellen ist, welche Korken von welchem Spieler sind.

Auf der gegenüberliegenden Seite des Raumes kennzeichnet ein Besenstiel die Abschiebrampe.
Die Spieler knien sich nacheinander hinter den Besenstiel und lassen mit einer Hand ihre Kronkorken über den Boden rutschen.

Ziel ist es, die eigenen Korken so nahe wie möglich an die Wand zu bekommen. Dabei dürfen fremde Korken natürlich brutal aus dem Weg gekickt werden. Der Sieger wird per Zentimetermaß ermittelt.

Teppichprobe

Hat die Ordnung im Wohnzimmer durch die bewegte Party bereits ein wenig gelitten? Egal! Lassen Sie alles stehen und liegen, wo es sich befindet, das ist gerade die richtige Slalomstrecke für den Korkentransport.
Jeder Mitspieler (die Armen!) bekommt einen Löffel in die Hand gedrückt. Mit der anderen Hand muss er den Sektkorken aufrichten, egal wie – und darf ihn dann nicht mehr berühren. Wer es schafft, mit dem stehenden Korken auf dem Löffel eine Runde um die vier Stühle in den Ecken zu drehen, wird gepreist.

Nebenbei: Auch ein Kuss ist ein wertvoller Preis, klar doch!

Turmprobe

Wer bei diesem Spiel nicht schnell zum Ziel kommt, der gibt sich bald dem Spott der Mitspieler preis. Nacheinander versuchen die sportlichsten unter den Gästen, mit einem an den rückwärtigen Hosenbund oder Gürtel oder Rocksaum geknüpften Weinkorken einen auf dem Boden aufgebauten Turm aus Bauklötzen (die harte Version) oder aus drei übereinander gestapelten Streichholzdosen umzukippen. Wer es schnell schafft, dem wird der „Hosenbandorden“ verliehen.

Wandprobe

Kennen Sie sicher, den guten alten Korkenzielwurf!

Stellen Sie an einer freien Wand des Raumes sechs Gefäße auf.
Die hintere Reihe bilden drei kleinere Plastikeimer, davor stehen zwei Einweckgläser und davor ein Marmeladenglas.
Die Entfernung zwischen Abwurfmarkierung und Gefäßen sollte etwa fünf Schritte betragen.
Erklären Sie allen Mitspielern, dass sie für einen Treffer in den Eimern einen Punkt, in den Einweckgläsern zwei Punkte und im kleinen Glas drei Punkte bekommen.

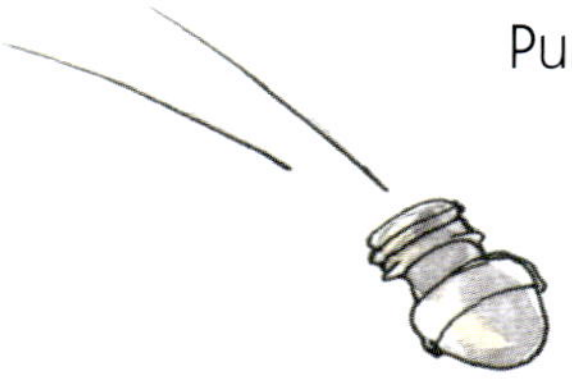

Nacheinander darf jeder Gast einen Kronkorken, einen Sektkorken und einen Weinkorken werfen, begleitet von Aufmunterungsrufen der Zuschauer.

Die Punkte werden zusammengezählt. Die besten drei Ergebnisse werden mit kleinen Preisen honoriert.

Möbelprobe

Jetzt wird der Alkoholtest fällig!

Wer dieses Spiel nicht besteht, sollte – wie alle anderen – den Wagen stehen lassen, falls er tatsächlich mit der Benzinkutsche vorgefahren ist (Ttt!).

Also:
Wer sich's zutraut, nimmt drei Sektkorken in die rechte Hand und beginnt zu jonglieren. Dazu wirft er einen Korken hoch und fängt ihn mit der linken Hand auf, wobei er mit rechts schon wieder den nächsten Korken hochgeworfen und mit links einen Korken an die rechte Hand weitergegeben hat usw.

Wer's schafft, ohne wertvolle Möbel zu beschädigen, kann noch nicht ganz benebelt sein!

Das Letzte:

Umzugstalk

So, nun aber Schluss mit den Spielchen, es reicht!

Wenn Sie vom Tanzen genug haben – das tun Sie doch auch, oder? –, setzen Sie sich zusammen und klönen ein bisschen.

Das Thema?

Na klar doch: Umziehen!

Hier ein wenig Futter für die angeregte Unterhaltung, sozusagen Leitfragen:

Wer hat die meisten Umzüge hinter sich gebracht?

Wer den längsten? Den teuersten? Den lustigsten?

Wer weiß den besten Witz übers Umziehen?

Wer hatte den größten Stress mit dem Vermieter?

Wer hatte eine Begegnung der dritten Art mit einem Nachmieter?

Wer kann von besonderen Vorkommnissen erzählen?

Wessen Umzugsauto hatte eine Panne? Wer blieb im Schnee liegen?

Wer sucht heute noch nach ...?

Wer hat sich während des Umzuges getrennt, wer neu verliebt?

Wer will nie wieder umziehen?

(Schade eigentlich ...!)

Genehmigte Lizenzausgabe
EDITION XXL GmbH
Fränkisch-Crumbach 2004
www.edition-xxl.de

Illustrationen: Olga Malkovskaja
Layout: Rico Cofani
Satz: Melitta Meisner

ISBN 3-89736-208-2